Tillmann Luther

Dennoch positiv

Tillmann Luther

Dennoch positiv

Für Optimisten und diejenigen, die es werden wollen

Fromm Verlag

Impressum / Imprint

Bibliografische Information der Deutschen Nationalbibliothek: Die Deutsche Nationalbibliothek verzeichnet diese Publikation in der Deutschen Nationalbibliografie; detaillierte bibliografische Daten sind im Internet über http://dnb.d-nb.de abrufbar.

Alle in diesem Buch genannten Marken und Produktnamen unterliegen warenzeichen-, marken- oder patentrechtlichem Schutz bzw. sind Warenzeichen oder eingetragene Warenzeichen der jeweiligen Inhaber. Die Wiedergabe von Marken, Produktnamen, Gebrauchsnamen, Handelsnamen, Warenbezeichnungen u.s.w. in diesem Werk berechtigt auch ohne besondere Kennzeichnung nicht zu der Annahme, dass solche Namen im Sinne der Warenzeichen- und Markenschutzgesetzgebung als frei zu betrachten wären und daher von jedermann benutzt werden dürften.

Bibliographic information published by the Deutsche Nationalbibliothek: The Deutsche Nationalbibliothek lists this publication in the Deutsche Nationalbibliografie; detailed bibliographic data are available in the Internet at http://dnb.d-nb.de.

Any brand names and product names mentioned in this book are subject to trademark, brand or patent protection and are trademarks or registered trademarks of their respective holders. The use of brand names, product names, common names, trade names, product descriptions etc. even without a particular marking in this work is in no way to be construed to mean that such names may be regarded as unrestricted in respect of trademark and brand protection legislation and could thus be used by anyone.

Coverbild / Cover image: www.ingimage.com

Verlag / Publisher:
Fromm Verlag
ist ein Imprint der / is a trademark of
OmniScriptum GmbH & Co. KG
Heinrich-Böcking-Str. 6-8, 66121 Saarbrücken, Deutschland / Germany
Email: info@frommverlag.de

Herstellung: siehe letzte Seite /
Printed at: see last page
ISBN: 978-3-8416-0612-9

Copyright © 2015 OmniScriptum GmbH & Co. KG
Alle Rechte vorbehalten. / All rights reserved. Saarbrücken 2015

Inhalt

Vorwort	3
„Die Macht der Gedanken" 4.Mose 13,24ff	5
„Geh Gottes Weg!" Jesaja 55, 6 -13	10
„So gewinnst du neue Stärke" Psalm 13	14
„Neu sehen lernen" Psalm 25, 15	18
„Das beste Rezept für dein Leben" Psalm 47	22
„Vom Gewinn des Glaubens" Psalm 48	26
„Freu dich!" Psalm 84	31
„Warum wir uns auf das neue Jahr freuen dürfen." Psalm 93	35
„Drei Dinge, die dir weiterhelfen" Psalm 103	39
„Warum sich Gottvertrauen lohnt" Psalm 107	43
„Drei Gründe Gott zu loben" Psalm 113	47
„Wie wird dein Glaube wieder frisch?" Psalm 147, 1-9	51
„Gottes Medizin" Sprüche 17, 22	55
„Nutze die Macht des Glaubens!" Matthäus 9,27-31	59
„Komm zu Gottes Kur!" Matthäus 21, 12-17	63
„Karfreitag ist Überraschungstag" Markus 15, 25-39	68
„Die grossartigste Geschichte aller Zeiten" Lukas 2, 1-20	72
„Jesus, deine Chance" Lukas 13, 10-17	76
„Komm zum Licht!" Johannes 8,12	80
„Warum sich Glauben lohnt" Apostelgeschichte 12,1ff	84
„Gib nicht auf!" Apostelgeschichte 28, 30-31	88
„Das bringt dir Pfingsten" Römerbrief 8,14-17	92

„Komm zu Gottes Trost GmbH!" 2. Korinther 1, 3-7 96

„Was wir von Gott erwarten können" Epheser 3, 14-21 100

Vorwort

Wir alle kennen das: Der Tag hatte so schön begonnen. Doch dann reiht sich eine negative Nachricht an die andere. Ein Anruf zieht uns nach unten. Die Ergebnisse beim Arzt sind nicht so, wie sie sein sollten. Der Chef nervt.
Dennoch ist es möglich, positiv zu bleiben und entschlossen alle diese Herausforderungen anzugehen. Dies schafft und macht immer wieder neu die positive Kraft des Glaubens.
Darum geht es auch in diesem nun mehr dritten Band von Tillmann Luther. Weitere Predigten wollen und werden Ihnen im Alltag Rückenwind geben, Sie motivieren und beflügeln.
Alle Predigten wurden in den vergangenen 24 Monaten an verschiedenen Orten des Oberwallis gehalten(Brig, Saas Fee, Steg, St. Niklaus, Visp und Zermatt).

Ich danke besonders Frau Yolande Borter aus Brig für das Korrekturlesen.

Ebenso danke ich der Deutschen Bibelgesellschaft, dass sie mir den Abdruck der Bibeltexte genehmigt hat. Die Texte entstammen der Lutherbibel, revidierter Text 1984, durchgesehene Ausgabe (c) 1999 Deutsche Bibelgesellschaft, Stuttgart.

Tillmann Luther

Visp, im November 2015

„Die Macht der Gedanken" 4.Mose 13,24ff

Mose sendet Kundschafter nach Kanaan

24 Vierzig Tage lang erkundeten die zwölf Männer das Land. Dann kehrten sie zurück

26 und brachten ihnen und der ganzen Gemeinde Kunde, wie es stand, und ließen sie die Früchte des Landes sehen.

27 Und sie erzählten ihnen und sprachen: Wir sind in das Land gekommen, in das ihr uns sandtet; es fließt wirklich Milch und Honig darin, und dies sind seine Früchte.

28 Aber stark ist das Volk, das darin wohnt, und die Städte sind befestigt und sehr groß.

33 Wir sahen dort auch Riesen, Anaks Söhne aus dem Geschlecht der Riesen, und wir waren in unsern Augen wie Heuschrecken und waren es auch in ihren Augen.

14,1 Da fuhr die ganze Gemeinde auf und schrie, und das Volk weinte die ganze Nacht.

2 Und alle Israeliten murrten gegen Mose und Aaron, und die ganze Gemeinde sprach zu ihnen: Ach, daß wir in Ägyptenland gestorben wären oder noch in dieser Wüste stürben!

3 Warum führt uns der HERR in dies Land, damit wir durchs Schwert fallen und unsere Frauen und unsere Kinder ein Raub werden? Ist's nicht besser, wir ziehen wieder nach Ägypten?

6 Und Josua und Kaleb, der Sohn, die auch das Land erkundet hatten

7 und sprachen zu der ganzen Gemeinde der Israeliten: Das Land, das wir durchzogen haben, um es zu erkunden, ist sehr gut.

8 Wenn der HERR uns gnädig ist, so wird er uns in dies Land bringen und es uns geben, ein Land, darin Milch und Honig fließt.

Vor etwa 100 Jahren lebt in London ein interessanter Mann. Sein Name ist Francis Galton. Er entdeckt, dass jeder Mensch auf den Fingerkuppen ein einmaliges und unverwechselbares Muster trägt. Er erfindet die Fingerabdruck-Methode, die heute zum Standardwerkzeug der Polizei gehört.
Dieser Francis Galton befasst sich auch mit anderen Fragen. Zum Beispiel mit der **Macht der Gedanken**, unserem heutigen Thema. Eines Tages unternimmt er dazu folgenden Versuch:
Bevor er seinen alltäglichen Morgenspaziergang beginnt, redet er sich in seinen Gedanken ganz fest ein: "Ich bin der meistgehasste Mensch dieser Stadt!" Nachdem er sich einige Minuten auf diese Vorstellung gedanklich konzentriert hat, tritt er seinen Spaziergang an wie immer. Doch es wird ein Spaziergang, den er nie vergessen wird: Einige Passanten rufen ihm Schimpfworte zu oder wenden sich mit Gebärden der Abscheu von ihm ab. Ein Hafenarbeiter rempelt ihn im Vorbeigehen mit dem Ellenbogen an, so dass Galton hinfällt.
Sogar die Tiere scheinen ihn nicht zu mögen. Denn als er an einem Pferd vorbeigeht, tritt dieses aus und trifft ihn in die Hüfte, so dass er wieder zu Boden geht. Als es daraufhin einen kleinen Volksauflauf gibt, ergreifen die Leute auch noch für das Pferd Partei - worauf Galton das Weite sucht und in seine Wohnung zurückeilt. Diese Geschichte ist verbürgt und ist in etlichen englischen Geschichtsbüchern unter dem Titel "Francis Galtons berühmter Spaziergang" dokumentiert. Diese Geschichte zeigt dir genau das:
Achte auf deine Gedanken! Denn sie haben Macht. Sie können so vieles bewirken. Es gibt hoffnungsvolle, mutmachende, positive Gedanken. Aber eben leider auch schädliche, negative Gedanken. Und genau die solltest du meiden! Und darum ist der erste Punkt genau der:
1. Schluss mit negativen Gedanken!
Denn schau dir die Kundschafter im Bibeltext an: Zwölf Kundschafter durchziehen während 40 Tagen das neue Land, das Gott ihnen versprochen hat. Dann kehren sie zurück und berichten über ihre Entdeckungen. Zehn Kundschafter entmutigen das Volk. Und sie erzählen den Israeliten die schlimmsten Geschichten über ihre Reise. Diese zehn negativ denkenden Kundschafter sagen über sich selbst: *Sie sind Heuschrecken*! So denken diese von sich selbst. Niemand anderes sieht sie so, sie selbst machen sich so klein.
Schluss mit diesen negativen Gedanken!
Denn schau dir das Volk im Bibeltext an: „Quak, Quak, Quak." So quaken die Frösche im Teich. Und so quakt das Volk die Gedanken der anderen nach. Es wird dadurch mutlos und verzweifelt. Die Israeliten jammern und murren gegen Mose und Aaron. Sie befürchten das Schlimmste.
Schau dir auch viele Menschen heute an:
-Gott hat ihnen Gaben gegeben, aber sie sagen: „Ich kann nichts, ich bin unbegabt, ich bin Opfer der Umstände."
-In Gedanken setzen sich viele Menschen Hindernisse. Neulich lese ich folgenden Satz: "Verbringe nicht unnötig lange die Zeit mit der Suche nach einem Hindernis. -Vielleicht ist keines da." Wie wahr ist das oft! Und daher:

Schluss mit diesen negativen Gedanken!
Hast du das gewusst: Um Rost von einer Stossstange, einem Nagel oder Ähnlichem zu lösen, eignet sich angeblich nicht nur handelsüblicher Rostlöser, sondern auch eine ganz gewöhnliche Cola. Die Phosphorsäure in der Cola leitet eine Entrostung ein, indem die Eisen- Ionen gelöst werden. Denke daran, wenn du das nächste Mal Cola trinkst!
Aber vor allem: Reinige auch eingerostetes Denken bei dir! Dein Mittel dazu ist der Glaube, der Glaube an Gottes Möglichkeiten! Schau, das ist auch der zweite Punkt:
2. Denke an Gottes Möglichkeiten!
Zwei der Kundschafter sagen: *Wenn der Herr gnädig ist, dann schaffen wir es.* Josua und Kaleb heissen die beiden. Und sie wissen, mit Gott ist es möglich, in das gelobte Land zu kommen. Diese beiden richten ihre Gedanken auf Gottes positive Möglichkeiten aus.
Und das kannst du auch tun. Mach dazu folgendes:
Tritt noch heute einem neuen Verein bei. Vielleicht sagst du: „Oh, ich bin schon in so vielen Vereinen drin, ich will nicht noch mehr." Aber diesen einen empfehle ich dir: den „Warum-nicht-Verein!"
Du siehst was und denkst vielleicht: „Ich kann das nicht. Das geht sowieso schief." Du aber frage dich ab heute: „Ja, warum denn eigentlich nicht?"
Warum sollte es auch dem Volk Gottes in dieser Geschichte nicht möglich sein, die letzten Hindernisse vor dem Ziel zu überwinden. Und warum sollte es dir nicht gelingen?
Frage dich selbst regelmässig genauso. Frage dich: „Warum nicht? Warum solltest du es denn nicht versuchen?"
Ein entscheidender Filter für dich ist zudem die Frage: Was ist der Wille Gottes? Du siehst zum Beispiel eine Möglichkeit. Bete dafür, prüfe sie ab an Gottes Worten und an seinen Geboten. Wenn die Idee Gottes Willen entspricht, dann lege los! Setze sie um! Den Israeliten hat Gott ein Land versprochen, wo Milch und Honig fliesst. Darum liegt es voll in Gottes Willen, dass sie jetzt die Chance ergreifen, um da wirklich hinzukommen. Und das gilt auch für dich und deine Projekte.
Und dann frage dich sofort: Was ist der erste Schritt? Und dann lege los! Israels erster Schritt ist, endlich aufzubrechen. Gott wird für das Nötige sorgen.
Und darum egal, was du zurzeit anstehen hast. Ob du mit dem Gedanken spielst, eine Fortbildung zu machen, die dich weiterbringt oder ein unausgelebtes Talent zu nutzen, das schon solange in dir schlummert. Ob du auf jemand zugehen möchtest- was auch immer: Pack es mutig an, wage es doch endlich mit deinem Gott! Mach es wie Josef und Kaleb. Sie denken: „Wir kommen ans Ziel." Und die zwei sind tatsächlich die einzigen, die später das neue Land betreten werden.
Denke an Gottes Möglichkeiten!
Hast du das gewusst: In Chipstüten sind bis zu 90% Luft und nur 10% Ware. So ist es oft auch bei deinen Problemen. Lass die Luft aus ihnen heraus!

Lass auch bei dir vor bestimmten Situationen die Luft raus. Das heisst: **Denke an Gottes Möglichkeiten!**
Sage es dir: „Entscheidend ist, wer meine derzeitige Situation in Händen hält!" Zwei Fische und fünf Fladenbrote in meinen Händen sind ein Abendbrot für zwei Personen, in den Händen von Jesus aber machen sie Tausende von Menschen satt. Und so ist es auch in deinem Leben: Es kommt darauf an, wer's in der Hand hat!
Es kommt darauf an, wer dich in der Hand hat!
Entscheidend ist, ob du in Gottes Hand bist! Wenn Jesus dein Herr, dein Erlöser ist, wenn du zu seiner Gemeinde gehörst, dann BIST DU in GOTTES HAND. Ist das so bei dir? - Gratulation!!! Denn dann bist du in SEINER HAND. Dann geh voller Schwung und Zuversicht in die neue Woche!
Schluss mit negativen Gedanken. Denke an Gottes Möglichkeiten!
Und jetzt noch etwas Drittes: **3. Säe positive Gedanken!**
Mein Grossvater war Bauer. Von ihm habe ich gelernt: Wenn du Weizen ernten willst, musst du Weizen säen. Wenn du Gerste säst, kannst du nicht Weizen erwarten. Genauso ist das auch mit deinen Gedanken. Wenn dein Denken sich ändern soll dann: **Säe positive Gedanken!** Und fang bei dir an!
Ein Pfarrer in den Vereinigten Staaten hat dazu folgende Idee. Weil er feststellt, wie oft man sich durch Meckern, Jammern und negatives Reden gegenseitig nach unten zieht, hat er seiner Gemeinde eine Übung ans Herz gelegt: zu versuchen, möglichst positiv zu formulieren. Zum Beispiel: Wer nach dem Aufstehen aus dem Fenster schaut und entdeckt, dass es regnet, sollte nicht jammern: "Schon wieder so ein furchtbares Wetter!" Sondern er sollte besser umformulieren und sagen: „Wie schön, dass die Natur den notwendigen Regen erhält. Oder statt zu lamentieren: „Ich habe es nicht geschafft, ich bin ein Versager"- sagst du, „das nächste Mal will ich es mit Gottes Hilfe besser machen".
Jedes Mal, wenn man meckert, jammert oder klagt, sollte man folgendes tun: Ein Lila- Band von einem Handgelenk zum anderen wechseln. Das Ganze sollte man 21 Tage tun, denn Wissenschaftler haben herausgefunden, dass die Veränderung zu einer Gewohnheit exakt 21 Tage dauert. Viele Leute in der Gemeinde von dem besagten Pfarrer tragen so ein lilafarbenes Armband. Und sie haben viele andere Menschen in ihrer Umgebung durch ihr positives Verhalten angesteckt. Schon 10 Millionen machen derzeit mit.
Wobei: Das muss kein Lila-Band sein. Es kann auch eine Schnur sein. Ein Taschentuch, ein Stein, den du von der linken in die rechte Hosentasche wechseln lässt, egal. Aber es ist eine Möglichkeit, sich dazu zu ermutigen und eins zu tun:
Positive Gedanken zu säen.
So wie Josef und Kaleb das tun. Wo kannst du das in deiner Umgebung machen? Ermutige auch du täglich jemand anderen!
Sieben Tage hat die Woche! Ermutige diese Woche konkret sieben Menschen aus deinem Umkreis! In jedem Fall: Gedanken haben Macht und darum

**1. Schluss mit negativen Gedanken! 2. Denke an Gottes Möglichkeiten!
3. Säe positive Gedanken!** Beginne noch heute damit! Amen.

„Geh Gottes Weg!" Jesaja 55, 6 -13

6 Suchet den HERRN, solange er zu finden ist; ruft ihn an, solange er nahe ist.

7 Der Gottlose lasse von seinem Wege und der Übeltäter von seinen Gedanken und bekehre sich zum HERRN, so wird er sich seiner erbarmen, und zu unserm Gott, denn bei ihm ist viel Vergebung.

8 Denn meine Gedanken sind nicht eure Gedanken, und eure Wege sind nicht meine Wege, spricht der HERR,

9 sondern so viel der Himmel höher ist als die Erde, so sind auch meine Wege höher als eure Wege und meine Gedanken als eure Gedanken.

10 Denn gleichwie der Regen und Schnee vom Himmel fällt und nicht wieder dahin zurückkehrt, sondern feuchtet die Erde und macht sie fruchtbar und lässt wachsen, dass sie gibt Samen zu säen und Brot zu essen,

11 so soll das Wort, das aus meinem Munde geht, auch sein: Es wird nicht wieder leer zu mir zurückkommen, sondern wird tun, was mir gefällt, und ihm wird gelingen, wozu ich es sende.

2004 ist es passiert. An der Olympiade in Athen. Ein gewisser Matt Emmons ist dabei, eine Goldmedaille beim Schiesswettbewerb zu gewinnen. Er liegt weit vor der Konkurrenz und braucht mit seinem letzten Schuss nur noch einmal die Zielscheibe zu treffen. Aber was passiert? Er trifft zwar eine Zielscheibe, aber die falsche! Es ist die daneben, die vom Nachbarschützen. Dadurch fällt er auf den achten Platz zurück und der Sieg ist verspielt. Aber die Geschichte ist noch nicht zu Ende. Dieser Mann ist danach immer wieder neu angetreten und einige Jahre später steht er auf dem Siegerpodest. Mach das genauso. Auch wenn du dein Ziel einmal im Leben verfehlst: **Sei bereit, neu anzufangen!** Das ist auch der erste Punkt. Unser Thema lautet: „**Geh Gottes Weg!**" Und das Erste ist:
1. Sei bereit, neu anzufangen!
Denn Gott gibt dir die Gelegenheit dazu.
Ob bei dir was schief gegangen ist.
Oder ob du etwas falsch gemacht hast.
Oder ob du Vergebung nötig hast. –*Bei Gott ist viel Vergebung*, sagt Jesaja. Und darum: **Sei bereit, neu anzufangen**. Gott gibt den Israeliten im Bibeltext und er gibt auch dir ausdrücklich die Chance dazu.
Vom Zug aus kannst du es sehen: Auf der Höhe von Reichenbach im Kandertal

(Kanton Bern), ist das DDZ, das Dellendrückzentrum. Da ist eine Autogarage, die spezialisiert ist, Dellen aus dem Blech herauszubekommen. Gott will durch Jesus auch deine Lebensdellen herausmachen.
So gross die Delle in deinem Leben ist! Ein Neuanfang ist möglich.
Visp ist ja wegen zwei Sachen bekannt. Wegen der Chemiefirma Lonza und wegen…?-seiner Matratzengeschäfte! Ich habe den Eindruck: Visp hat die grösste Matratzengeschäftsdichte des Landes. Auf 100 Einwohner kommt scheinbar ein Matratzengeschäft. Und da steht neulich vor einem dieser Geschäfte ein grosses Schild: ALLES MUSS RAUS! WEGEN LAGERRÄUMUNG! Genau so darf das auch bei dir sein. Alles, was du an Negativem auf Lager hast: im Namen von Jesus Christus regelmässig RAUS damit. Raus mit dem, was dich bedrückt! So bist auch du frei zu einem neuen Anfang. Und darum:
1. Sei auch bereit, neu anzufangen! Geh Gottes Weg! Das heisst noch etwas:
2. Sei offen für Gottes Möglichkeiten!
Denn Gott will dich überraschen.
Bitte hebt einmal die Hand: Wer von euch kennt „Happy Day"?
-Das ist die Samstagabendshow vom Schweizer Fernsehen. Fünfmal im Jahr macht Moderator Röbi Koller da die Herzenswünsche seiner Zuschauer wahr. Die Sendung ist immer für eine Überraschung gut: Sie führt Menschen zusammen, die sich schmerzlich vermissen. Die Sendung hilft beim Umsetzen von überraschenden Liebesbeweisen. Aus alten Wohnungen macht „Happy Day" überraschender Weise ein neues und gemütliches Zuhause.
Doch weisst du was?
Auch Gott arbeitet mit Überraschungen: Überall arbeitet Gott in einer Weise, die nicht in die Erwartungen der Menschen passt.
Stell dir vor: Jesus Christus, der Sohn Gottes, wurde in einfachsten Verhältnissen geboren. Seine Mutter war ein junges Teenager-Mädchen. Und: Sein Kreuz, ursprünglich ein Zeichen des Todes wird durch Ostern zum Lebens- und Siegeszeichen! Wie überraschend ist das! Und darum: Rechne mit Gottes Überraschungen!
Sei offen für Gottes Möglichkeiten!
Denn *Gottes Gedanken sind höher*.- So sagt es auch unser Bibeltext. Ihm ist nichts unmöglich. -Stichwort „unmöglich":
George Dantzig war ein leidenschaftlicher Mathematiker. Er ist während seiner Studienzeit sehr fleissig und lernt oft bis spät in die Nacht. Daher schläft er zum Ausgleich recht lang am Morgen. Eines Morgens kommt er deswegen wieder einmal nicht mehr rechtzeitig aus den Federn und trifft zu spät zur Vorlesung an der Uni ein. In jener Vorlesung hatte sein Professor von zwei mathematisch bisher ungelösten Problemen erzählt, welche nicht einmal Einstein hatte lösen können. Die Studenten waren zutiefst beeindruckt und sie hatten es sich fest eingeprägt: Was an der Tafel steht, ist UNMÖGLICH lösbar. George Dantzig, der zu spät kommt, denkt nun, das sind die Hausaufgaben. Er schreibt sie sich ab. Und jetzt passiert folgendes: Weil der Mann ahnungslos ist, dass nicht

einmal Einstein ein Ergebnis gefunden hatte, kommt ihm gar nicht in Sinn, dass eine Lösung unmöglich ist. Und tatsächlich, er findet für beide mathematischen Probleme die richtige Lösung und Dantzig gibt sie seinem staunenden Professor ab. Daraus wird dann eine riesige wissenschaftliche Sensation. Und so ist es oft im Leben:
Weil die Einstellung vorherrscht, etwas sei unlösbar, undurchführbar, unmöglich, lassen sich dann viele nach unten ziehen und geben auf. Bei dir soll das anders sein. Denn du glaubst als Christ an einen Gott, der Unmögliches möglich machen kann. Denn Gottes Gedanken sind höher als unsere. Gott hat darum noch viel mehr auf Lager für dich, als du dir vorstellen kannst.
Wenn du in der neuen Woche am Kämpfen bist, nimm daher Gottes Gedankenlift. Das geht so:
Du bist am Boden. Sage dir: „Gott bringt mich nach oben." Denn seine Gedanken sind höher.
Du siehst keine Perspektive mehr. Sage dir: „Gott gibt dir den Durchblick." Denn seine Gedanken sind höher.
Du findest deine Situation unerträglich. Sage dir: „Gott wird dich tragen." Denn seine Gedanken sind höher und ihm ist nichts unmöglich.
Sei offen für Gottes Möglichkeiten!
Denn Gott kann alles verwandeln. Im Bibeltext steht es doch: Dornen in Zypressen, Nesseln in Myrten. Er hält Grossartiges für dich bereit.
Stell dir das mal vor! Und Gott setzt noch eins drauf.
Gott kann auch Menschen verwandeln:
Er war ein weltweit gesuchter Betrüger. Sein Name ist Josef Müller. Er hatte eine gut gehende Steuerkanzlei. Aber er will mehr. Müller gründet eine Gesellschaft für Vermögensverwaltung und bietet hohe Renditen an. Das ihm anvertraute Geld steckt er jedoch in sein luxuriöses Privatleben. Anfang der 90er hat er schon mal 20.000 Franken an einem Wochenende verjubelt. Er hat eine Villa in München, eine Yacht auf Mallorca, zwei Rolls-Royce. Irgendwann hat er als Geldwäscher auch die Mafia am Hals. Ermittler verfolgen ihn rund um den Globus, er konnte sich ein paarmal absetzen. "Fröhliche Weihnachten! Ihr kriegt mich nicht", hat Müller die Polizei per Ansichtskarte wissen lassen. In einem Wiener Hotel stellt er sich schliesslich der Polizei. 2005 muss er hinter Gittern. Dort passiert es: Dieser Josef Müller wird ein neuer Mensch. Denn er findet zu Jesus Christus. Halt dich fest: Er hält heute selbst Gottesdienste. Sein Buch über sein Leben mit dem Titel „Ziemlich bester Schurke"- ist ein Bestseller. Unglaublich, aber wahr! Und darum:
Sei offen für Gottes Möglichkeiten!
„Unmöglich!" -Wo sagst du oder denkst du das? In Bezug auf dich? In Bezug auf andere Menschen? In Bezug auf dein grösstes Problem? Uns Menschen mag vieles unmöglich sein, doch wir glauben an einen Gott, dessen Gedanken, Wege und Möglichkeiten höher sind. Auch bei dir. Und darum: Gib nicht vorschnell auf! Stell dich deinen Herausforderungen. Pack die Dinge an, die vor dir liegen. Du hast bisher erfahren:

1. Sei bereit, neu anzufangen! 2. Sei offen für Gottes Möglichkeiten!
Und nun noch das Dritte: **3. Lass IHN wirken!** Denn Säen, Wachsen, Fruchtbringen braucht seine Zeit. Das sagt auch unser Bibeltext.
Du hast vielleicht schon lange für etwas gebetet. Du siehst vielleicht zurzeit keinen rechten Fortschritt. Aber dann am Ende kann es auch sehr schnell gehen. Es gibt da eine besondere Bambusart. Es ist der Moso-Bambus. Er wird auch „Riesenbambus" genannt. Diesen Bambus pflanzt man an. Doch die ersten vier Jahre geschieht kaum was. Aber irgendwann im Laufe des fünften Jahres passiert es: Der Bambus schlägt aus, aber wie! Halt dich fest, er schiesst innerhalb weniger Wochen 25 Meter hoch. Teilweise 70 cm am Tag! Und nun der Hammer: Es ist nicht so, dass der Bambus fünf Jahre lang „nichts" tut. Im Gegenteil: Während man an der Oberfläche kaum Wachstum erkennen kann, entwickelt dieser Bambus im Erdreich ein kilometerlanges Wurzelwerk. Daran merkst du: Dieser Moso-Bambus ist nichts für deinen Balkon! Doch was für ein wunderbares Bild ist das für das Vertrauen auf Gott!
Unser Bibeltext sagt, dass Gottes Wort immer wirksam ist. Es kommt nicht leer zurück. Auch wenn man noch nichts sehen kann, arbeitet, schafft und plant schon Gott im Verborgenen für dich.
Lass Gott wirken! Denn er kennt die Zusammenhänge. Er überschaut alles. Er hat den Überblick. Wie heissen die Bilder, die man aus vielen kleinen Teilen zusammensetzt? ---Genau, Puzzle!
Das weltgrösste Puzzle ist ein Ravensburger Puzzle mit mehr als 32 000 Teilen. Das fertig gebaute Puzzle misst 5, 5 m mal fast 2 m. Nicht nur wegen der Zahl der Teile ist dieses Puzzle extrem schwer: Als zweite Schwierigkeit kommt die sehr grosse Zahl von einfarbigen Teilen hinzu. Da kann man schon den Überblick verlieren. Gott aber hat dein Lebenspuzzle in der Hand. Er kennt die Teile auch da, wo du den Überblick verloren hast. Mit was kommst du zurzeit nicht klar in deinem Leben? Was bekommst du zurzeit nicht zusammen? Was es auch ist:
Gib Gott heute ganz bewusst deine persönlichen Lebens-Puzzle-Teile in die Hand! Dein Gesundheitspuzzle, dein Familienpuzzle, dein Berufspuzzle. Was auch immer.
In jedem Fall: Es lohnt es sich, **Gottes Weg zu gehen.**
Du hast gehört, wie du das tun kannst:
1. Sei bereit, neu anzufangen! 2. Sei offen für Gottes Möglichkeiten! 3. Lass ihn wirken! Amen.

„So gewinnst du neue Stärke" Psalm 13

1 Ein Psalm Davids, vorzusingen.

2 HERR, wie lange willst du mich so ganz vergessen? Wie lange verbirgst du dein Antlitz vor mir?

3 Wie lange soll ich sorgen in meiner Seele und mich ängstigen in meinem Herzen täglich? Wie lange soll sich mein Feind über mich erheben?

4 Schaue doch und erhöre mich, HERR, mein Gott! Erleuchte meine Augen, daß ich nicht im Tode entschlafe,

5 daß nicht mein Feind sich rühme, er sei meiner mächtig geworden, und meine Widersacher sich freuen, daß ich wanke.

6 Ich aber traue darauf, daß du so gnädig bist; mein Herz freut sich, daß du so gerne hilfst. Ich will dem HERRN singen, daß er so wohl an mir tut.

Stell dir das vor: Ich habe einen Bekannten. Er ist sehr hilfsbereit. Zum Beispiel holt er mich auch gerne mit seinem Auto vom Bahnhof ab, wenn ich schweres Gepäck dabei habe. Sein Auto hat auch einen grossen Kofferraum. Das ist ideal. Trotzdem: Wir haben mitunter Schwierigkeiten mein Reisegepäck bei ihm einzuladen. Das hat folgenden Grund: Er hat jede Menge überflüssige Sachen drin, die nicht in seinen Kofferraum hineingehören. Leere Plastikeimer, fünf Paar Sportschuhe, ein Bündel von kaputten Regenschirmen, alte Zeitungen, Stofftiere und vieles anderes mehr.
Das ist leider auch im Kofferraum des Lebens vieler Menschen so. Viele schleppen überflüssige und bedrückende Dinge mit sich herum. Schluss damit! Denn unser Thema heute lautet:
„So gewinnst du neue Stärke!" Und der erste Schritt ist:
Raus mit dem, was dich bedrückt!
So macht es David. David rückt hier mit allem raus, was er auf dem Herzen hat. Denn so gewinnst du neue Stärke! –Mach es gezielt!
David sagt zu Gott gezielt, was er auf dem Herzen hat. Habe ich euch das schon mal erzählt? Jemand hat einmal ausgerechnet:
Wenn du 8 Jahre, 7 Monate und 6 Tage ziellos herumschreist, hast du gerade genug Energie produziert, um eine Tasse Kaffee zu erwärmen. Sinnloses

Herumschreien hilft dir so gut wie gar nicht. Sprich darum, wie David, zielgerichtet vor Gott aus, was dich bedrückt.
Raus mit dem was dich bedrückt!- Mach es ohne zu zögern!
Stell dir vor: Der Sohn sagt mit zögerliche Stimme zum Vater: "Papa, kannst du im Dunkeln schreiben?"
Vater: "Wenn's nicht viel ist, schon."
Sohn: "Es ist nicht viel. Du brauchst nur im Dunkeln mein Schul-Zeugnis zu unterschreiben". Da kann man jetzt drüber schmunzeln. Doch bei Gott brauchst du nicht so zögerlich zu sein.
Raus mit dem, was dich bedrückt!-Mache das regelmässig!
Alles, was du an Negativem auf Lager hast: im Namen von Jesus Christus - regelmässig RAUS damit.
Mach das am besten, wenn du am Morgen in den Tag startest. Genau da zähle alle deine Sorgenpunkte vor Gott auf. Denn:
-So verhinderst du schon am Morgen Energieverschleuderung bei dir.
-So verhinderst du schon am Morgen schlechte Laune.
-So startest du optimal in den Tag.
Denn: Du bringst jeden Morgen deine Haare in Ordnung. Wenn ich euch so anschaue, stimmt das. ----Doch warum nicht auch dein Herz?
Und darum: Was hast du heute auf dem Herzen?
Raus mit dem, was dich bedrück! Und nun das Zweite:
Rein mit Gottes Freude!
Genau das tut David hier. David sagt zu Gott: *Mein Herz freut sich, dass du so gerne hilfst.*
Wie bekommst du nun Gottes Freude in dein Herz? Auch da gibt David einen entscheidenden Hinweis. Er sagt zu Gott:
Erleuchte meine Augen!
Das heisst: Herr, lass mich meine schwierige Situation in deinem Licht sehen!
Meine Schwierigkeiten im Büro,
meine Schwierigkeiten mit anderen Menschen.
Meine Schwierigkeiten mit mir selbst.
Denn: Wo deine Möglichkeiten aufhören, da fangen Gottes Möglichkeiten erst richtig an! Das ist doch die grosse Freude, die du als Christ hast! Und darum:
Rein mit Gottes Freude!
Das heisst: Sieh auch das Gute, was Gott dir schon gegeben hat.
Denn du hast so viele Gründe dazu:
Der durchschnittliche Mensch in Mitteleuropa ist reicher als 99,4% der Menschen, die jemals auf dieser Erde gelebt haben.
Doch da sind nicht nur die materiellen Dinge.
Da ist doch die Freude über Jesus Christus. Er hat die entscheidenden Fragen für dich gelöst! Jesus hat die Frage gelöst: Wohin du mit deiner Schuld gehen kannst. Jesus hat es gelöst, was nach diesem Leben kommt. Jesus hat es gelöst, dass du nie allein bist. Er ist immer bei dir. Und darum:
Rein mit Gottes Freude!

Das heisst: Sprich es aus, worüber du dich freuen kannst: privat, öffentlich, vor Gott, Mitmenschen und vor dir selbst.
Neulich hat sie gewackelt: die Seilbahn vom Kleinmatterhorn. Denn eine Touristin muss vor Freude einen Jauchzer tun und hüpft dazu. Wir Mitreisenden haben da ganz schön gestaunt. Du musst nicht gleich eine Seilbahn wackeln lassen, aber sprich es aus und dann:
Rein mit Gottes Freude!
Notiere dir doch in der kommenden Woche täglich mindestens 10 Punkte, worüber du dich freuen kannst.
Freue dich, dass die Sonne aufgeht.
Freue dich über jedes aufbauendes Wort.
Freue dich zum Beispiel über einen Berg von schmutzigem Geschirr. Du hast recht gehört. Denn das zeigt dir, wie gut es Gott mit dir meint. Du musst nicht hungern. Freue dich über die Hilfe von deinem Herrn und Gott!
Täglich 10 Punkte zum Freuen zu finden, das ist kein Problem. Du kannst es sogar auf 100 bringen, wenn du willst.
Unser Thema ist: **So gewinnst du neue Stärke!** Du hast bis jetzt erfahren:
1. Raus mit dem, was dich bedrückt! 2. Rein mit Gottes Freude! Und nun das Dritte! Wie werden Muskeln stark? In dem man sie einsetzt! Und:
Wie wird dein Glaubensmuskel stark? Indem du ihn trainierst! Und darum:
3. Ran an deine Herausforderungen! –Das ist das Dritte.
So wie David hier das macht.
David macht dazu einen Salto mentale. Das heisst: David stellt seine eigenen negativen Gedanken auf den Kopf! Das kannst auch du tun!
Mach einen geistigen Salto: Wenn dich Gedanken nach unten ziehen wollen, stelle sie auf den Kopf!
-Da geht zum Beispiel etwas schief und du denkst: „Das kann auch nur mir passieren." Ändere den Satz in: „Mit Gottes Hilfe mache ich es das nächste Mal besser".
Du denkst: „Das ist ein aber grosses Problem!" Ändere es in: „Das ist eine neue Herausforderung. Die gehe ich mit Gott an!"
Du denkst: „Das ist unmöglich". Ändere das in: „Ich will versuchen, ob es mit Gottes Hilfe doch einen Weg gibt!"- Ja, mach einen geistigen Salto! Gott macht es dir doch vor: Er schickt seinen Sohn Jesus in diese Welt zu dir! Zu deiner Erlösung und Rettung! Das ist SEIN grösster Salto.
Ran an deine Herausforderungen!
David sieht zudem das Gute schon erwartungsvoll im Voraus.
Bitte hebt einmal die Hand: Wer von euch hat eine Katze zu Hause? Das, was David da macht, kannst du mit dem Schnurren deiner Katze vergleichen. Katzen schnurren bei verschiedenen Gelegenheiten. Sie schnurren besonders gerne aus Vorfreude. Allein, wenn sie nur die Futterpackung hören, springen sie aus dem Tiefschlaf vom Sofa auf. Und Katzen umstreifen schnurrend deine Beine, dass du fast das Gleichgewicht verlierst.
Mach das genauso. Lobe Gott in Vorfreude. Lobe Gott ebenso mittendrin in

deinen offenen Fragen und deinen ungelösten Problemen.
So macht es auch David. Er sieht die gute Wende, bevor sie da ist. Wörtlich heisst es im Urtext: *Ich will dem HERRN singen, dass er so wohl an mir getan hat* (nicht nur so wohl tut!). Das ist eine Methode, die du so einsetzen darfst! David singt sein Danklied jetzt schon. Im Voraus!
Ran an deine Herausforderungen. David begibt sich bewusst in Gottes Hand. Wusstet ihr, dass sämtliche Schwäne in England Eigentum der Queen sind? (Das ist ein Gesetz aus dem 12. Jahrhundert). Ob das den Schwänen klar ist? Und: Ob das den Schwänen was nützt?
Du aber darfst es wissen, dass du Gottes Eigentum bist. Du darfst das bewusst nutzen.
Stell dich jeden Tag ganz bewusst unter seinen Schutz und Schirm:
Sage: „Herr, das sind meine Herausforderungen, darum geht es, hier muss ich hingehen, das muss ich erledigen". Und dann handle beherzt und ohne Zögern.
Gott lädt dich heute mit Psalm 13 ein, aus seiner Stärke zu leben.
Tue die Schritte, die David hier tut:
Raus mit dem, was dich bedrückt!
Rein mit Gottes Freude!
Ran an deine Herausforderungen! Denn: **So gewinnst du neue Stärke!**
Denke immer daran: Harte Zeiten kommen und gehen, durch Gott gestärkte Menschen bleiben bestehen! Dass du das immer wieder erfährst, erkennst und erlebst, das wünsche ich dir von ganzem Herzen! Amen.

„Neu sehen lernen" Psalm 25, 15

Meine Augen sehen stets auf den HERRN; denn er wird meinen Fuß aus dem Netze ziehen.

Mein Grossvater hatte einen grossen Garten mit vielen Obstbäumen. Öfters bin ich bei der Ernte mit dabei. Und es ist doch so: Die besten Früchten hängen meist wo? Oft weit oben. Mein Grossvater merkt sofort, wenn ich auf der Leiter wegen der Höhe unsicher werde. Er hat mich gelehrt: „Schau nach oben, nicht nach unten!" Und das stimmt: Je mehr ich nach unten schaue, desto mehr passiert mir es, dass mir schwindelig wird.
Da wird mir eines klar: Nur nicht zu viel nach unten schauen. Nach oben muss ich schauen.
Da sind wir schon mittendrin im heutigen Thema: **„Neu sehen lernen."** Und darum geht es:
Schau nicht nach unten, sondern nach oben! Das ist das Erste!
So macht es auch David, der Beter unseres Psalms.
-Wenn du den ganzen Psalm 25 liest, erfährst du es: Davids Probleme sind massiv. Er sieht sich äusserlich bedrängt. Er sieht sich innerlich unter Druck.
-Wichtig ist, wie David damit umgeht: Er richtet seine Aufmerksamkeit nicht nur auf die Probleme, die ziehen ihn nur weiter nach unten. Viel mehr sieht er nach oben. Er sieht auf Gott, der ihn weiterbringt.
Genau das kannst du auch heute tun.
Schau nicht nach unten, sondern nach oben!
Schau, ich habe hier eine besondere Brille. Eine 3D-Brille. Damit kann man Filme in drei Dimensionen sehen. Christen nutzen auch eine göttliche 3D-Brille. Sie heisst Jesus Christus. Durch ihn schauen wir nach oben, um in unserer Lage von Gott „D" wie Durchblick zu bekommen. Durch ihn können wir „D" wie dem Druck standhalten und am Ende schliesslich „D" wie dranbleiben an allen unseren Herausforderungen.
Nutze in Jesu Namen diese göttliche 3D-Brille!
Schau nicht nach unten, sondern nach oben!
David empfiehlt dir dabei aus eigener Erfahrung:
Meine Augen sehen stets auf den HERRN. Sag dir das in der neuen Woche.
Und dann pack entschlossen die Dinge an, die zu tun sind.
Schau nicht nach unten, sondern nach oben! Das ist Nummer eins.
Und dann mach noch etwas:
Schau nicht nur auf die Vergangenheit, sondern auf die Zukunft! David tut das. Darum sagt David: Gott <u>wird</u> seinen Fuss aus dem Netz ziehen. Mach das auch:

Schau nicht nur auf die Vergangenheit, sondern auf die Zukunft!
Wer von euch fährt Auto? Sicher schaut ihr da immer wieder einmal in den Rückspiegel. –Stell dir vor: Ein Autofahrer ist auf der Autobahn unterwegs. Im Rückspiegel sieht er ständig einen Motorradfahrer dicht hinter sich. Nach einer Weile wird es dem Autofahrer zu bunt. Er hält an und fragt den Motorradfahrer: "Wieso überholen Sie mich denn nicht?" Der Motorradfahrer antwortet: "Das geht nicht! Mein Schal ist in Ihrer Tür eingeklemmt!"- Ja: Der Rückspiegel ist schon eine praktische Sache.
Doch was passiert, wenn du nur noch in den Rückspiegel hineinschaust? Da gibt es irgendwann mal einen Auffahrunfall.
Und darum: Schau nicht nur in den Rückspiegel der Vergangenheit, sondern auch auf die Zukunft.
Wenn du dich schon unbedingt mit der Vergangenheit beschäftigen willst, dann tue es positiv:
Überlege dir, wo du Gott im Rückblick danken kannst.
Überlege dir, was du aus der Vergangenheit lernen kannst.
Überlege dir, wo du Ballast aus der Vergangenheit ablegen kannst.
Dazu ein Vorschlag: Nimm dir einmal in einer stillen Stunde ein Blatt Papier. Male einen Kreis und schreibe hinein: „Netz der Vergangenheit". Denn vom Netz spricht auch David. Dann mach Pfeile von diesem Kreis ab. Frage dich dann, wo bist du gefangen? Wo steckst du da fest? In Ärger, in mangelndem Selbstvertrauen in Abneigung gegenüber einem bestimmten Menschen? In was auch immer. Bitte Gott im Namen von Jesus Christus um Befreiung von all diesen Netzen. Wenn du das getan hast, dann ist es auch gut. Danach bitte mach es wie David:
Schau nicht nur auf die Vergangenheit, sondern auf die Zukunft!
„*Au!*"- kennt ihr das auch: Rückenschmerzen. Da habe ich früher oft gesagt: „Wenn ich doch nur!" Zum Beispiel:
„Wenn ich doch nur besser auf meine Haltung geachtet hätte."
„Wenn ich doch nur weniger lang vor dem PC gesessen hätte."
„Wenn ich doch nur mehr meine Gesundheit geschont hätte…Wenn, wenn, wenn." Sei kein rückwärtsgewandter Wenn-Denker. Sei ein Wie –Denker.
Frage dich: Wie kann ich es ab jetzt besser machen? Und darum:
Schau nicht nur auf die Vergangenheit, sondern auf die Zukunft!
Oder da ist die rückwärtsgewandte Redewendung „zu meiner Zeit". Geh ab heute sparsam damit um! Denn für Gott ist deine Zeit heute und in Zukunft.
Schau nicht nur auf die Vergangenheit, sondern auf die Zukunft!
Darum sag schon am Morgen zu deinem Gott: „Herr, ich freue mich auf diesen Tag. Ich bin neugierig, was ich mit dir erleben werde. Ich bin gespannt auf alle deine Geschenke". Schau positiv nach vorne. Was sagt angeblich der Baumeister beim Baubeginn des Turms von Pisa?- „Wird schon schief gehen!" Du siehst, was da heraus kommt, wenn man so denkt. Denke anders und sag zu Gott: „Du hast so viel Gutes für mich auf Lager." Lass das deine Einstellung sein!"

Schau nicht nach unten, sondern nach oben!
Schau nicht nur auf die Vergangenheit, sondern auf die Zukunft!
Und dann lehrt dich David noch eine weitere neue Sichtweise:
Schau nicht nur auf deine, sondern auf Gottes Möglichkeiten!
2015 feiert das Wallis ein doppeltes Jubiläum. 200 Jahre Wallis bei der Eidgenossenschaft, das ist das eine. Und dann noch etwas! ----
Da ist 150 Jahre Erstbesteigung des Matterhorns.
-„Unmöglich, dass man da raufkommt!" So sagen Menschen Jahrhunderte lang, wenn sie aufs Matterhorn geschaut haben.
Lange Zeit gilt das Matterhorn als gänzlich unbezwingbar. Doch im Jahr 1865 passiert es. Da steht der erste Mensch auf dem Gipfel.
Und heute? Heute ist diese Unmöglich-Blockade weg.
Heute jedenfalls besteigen 3000 Menschen jährlich das Matterhorn- auf diesen einst angeblich unbezwingbaren Berg. Mach das genauso mit deinen unbezwingbar erscheinenden Problembergen.
Nimm mit Gottes Hilfe die Unmöglich-Blockade in deinem Kopf weg und tue folgendes:
Schau nicht nur auf deine, sondern auf Gottes Möglichkeiten!
„O'zapft is!" Mit diesen Worten öffnet der Oberbürgermeister von München das erste Fass und gleichzeitig eröffnet er damit das Münchner Oktober-Fest. Jesus war nicht auf dem Münchner Oktoberfest. Trotzdem:
Auch für Jesus ist die ganze Welt und jeder Mensch randvoll und prall angefüllt mit unangezapften, unbemerkten, unentdeckten Möglichkeiten!
Für Jesus ist auch jedes Problem eine verborgene Möglichkeit.
Krankheit ist für ihn eine Gelegenheit zum Heilen. Not ist eine Gelegenheit, um zu helfen. Schuld ist eine Möglichkeit zu vergeben. Trauer ist eine Gelegenheit zum Mitgefühl. Für Jesus ist jede Person und jede Situation eine Goldmine voller unentdeckter, verborgener Möglichkeiten! Auch du! Darum komm zu ihm.
Schau nicht nur auf deine, sondern auf Gottes Möglichkeiten!
Frühjahrsputz! Habt ihr ihn schon gemacht? Bitte vergiss dein Gehirn nicht.
Gott will in deinem Gehirn einen Frühjahrsputz durchführen: Er will negative Einstellungen entfernen wie: NICHT KÖNNEN, UNMÖGLICH und NIE.
Achte in der neuen Woche bewusst auf diese Worte und streiche sie aus deinem Wortschatz!
Schau nicht nur auf deine, sondern auf Gottes Möglichkeiten!
Stell dir vor: Ein Wissenschaftler erfährt, dass in einer Provinzstadt ein Mann lebt, der sage und schreibe 2,70 gross sei. Sofort schreibt der Wissenschaftler an den Mann. Er bittet ihn zur eingehenden Untersuchung in die Hauptstadt zu kommen und sagt ihm freie Reise und eine üppige Entschädigung zu. Umgehend erhält der Wissenschaftler die Antwort von dem grossen Mann: „Treffe morgen ein. Bitte am Bahnhof abholen. Bin leicht zu erkennen. Werde eine weisse Nelke im Knopfloch tragen". Du schmunzelst zu Recht: Eigentlich sollte der grosse Mann doch von Natur aus sofort erkennbar sein. Und: Eigentlich sollte

ein Christ auch sofort erkennbar sein. Denn seit Ostern sollte ein Christ jemand sein, der auf Gottes Möglichkeiten schaut. Darum geh ab heute bewusst in seine Sehschule.
Schau nicht nach unten, sondern nach oben!
Schau nicht auf die Vergangenheit, sondern auf die Zukunft!
Schau nicht nur auf deine, sondern auf Gottes Möglichkeiten!
So rufe ich es uns allen zu: Es lebe der Blickwechsel! Es lebe Gottes Sehschule! Amen.

„Das beste Rezept für dein Leben" Psalm 47

Gott ist König über alle Völker

1 "Ein Psalm der Söhne Korach, vorzusingen."

2 Schlagt froh in die Hände, alle Völker, und jauchzet Gott mit fröhlichem Schall!

3 Denn der HERR, der Allerhöchste, ist heilig, ein großer König über die ganze Erde.

4 Er beugt die Völker unter uns und Völkerschaften unter unsere Füße.

5 Er erwählt uns unser Erbteil, die Herrlichkeit Jakobs, den er lieb hat.

6 Gott fährt auf unter Jauchzen, der HERR beim Hall der Posaune.

7 Lobsinget, lobsinget Gott, lobsinget, lobsinget unserm Könige!

8 Denn Gott ist König über die ganze Erde; lobsinget ihm mit Psalmen!

9 Gott ist König über die Völker, Gott sitzt auf seinem heiligen Thron.

10 Die Fürsten der Völker sind versammelt als Volk des Gottes Abrahams; denn Gott gehören die Starken auf Erden; er ist hoch erhaben..

Aller guten Dinge sind drei: Das sagen auch zwei Köche. Sie haben ein Buch geschrieben und sie behaupten darin: Für jedes Rezept brauchst du nur drei frische Zutaten. Um drei Zutaten geht es auch heute in der Predigt mit dem Thema: **„Das beste Rezept für dein Leben."**
Und hier kommt schon die erste Zutat. **Freu dich!**
So wie hier im Psalm 47 von der Freude, vom Fröhlichsein die Rede ist!
Freu dich: Denn bei Gott hast du immer einen Grund dazu!
Meine Frau und ich haben einen Bekannten. Wenn sein Lieblingsfussballverein gewinnt, ist er bester Laune, in Hochstimmung, grösste Freude herrscht. Aber Achtung! Falls sein Verein verliert, ist seine Stimmung im Keller. Da weiss seine Umgebung: Jetzt nur nicht anrufen, nur nicht ansprechen und keinesfalls mit wichtigen Sachen zu ihm kommen.
Es gibt aber einen Grund, warum du dich immer freuen kannst. Unabhängig darüber, ob Sieg oder Niederlage, Aufstieg oder Abstieg. Im Psalm 47 steht es drin: Gott steht über allem und hat alles in seiner Hand.

Und du darfst eines wissen: Gott ist daher auch der Herr über deine derzeitigen Probleme, Herausforderungen, Sorgen. Und du kannst immer mit allem zu ihm kommen.
Und darum: **Freu dich!**
Denn bei Gott musst du dir die Freude nicht mühsam verdienen.
Stell dir vor: Ein Mann betritt in seiner Mittagspause ein Schuhgeschäft. Ein freundlicher Verkäufer kommt auf ihn zu. „Wie kann ich Ihnen behilflich sein, mein Herr?" -„Ich hätte gerne ein paar schwarze Schuhe wie in der Auslage." „Ah, selbstverständlich, mein Herr. Sie brauchen sicherlich… Grösse 41, nicht wahr?" -„Nein, ich hätte gern die 39, bitte."
„Verzeihen Sie, aber ich bin schon 20 Jahre im Geschäft und Ihre Schuhgrösse müsste die 41 sein, höchstens vielleicht 40, aber niemals 39."
„Bitte Schuhgrösse 39", sagt der Herr unbeeindruckt.
Nach einigen Versuchen und Verrenkungen schaffte es der Kunde, seine Füsse mittels Schuhlöffel in die viel zu kleinen Schuhe zu quetschen.
„Sehr gut, ich nehme sie. Ich behalte die Schuhe gleich an."
Der Mann verlässt den Laden und schafft es mit Mühe und Not die drei Häuserblöcke weiter, die das Schuhgeschäft von seiner Arbeit trennen. Um 17 Uhr nachmittags, nach über vier Stunden in seinen neuen Schuhen, ist sein Gesicht vollkommen verzerrt und seine Augen gerötet. Dicke Tränen rollen über seine Wangen. Sein Kollege hatte ihn den ganzen Nachmittag beobachtet und ist ernsthaft um ihn besorgt.
„Was ist los? Geht's dir schlecht?"
„Sehr! Meine Füsse bringen mich um! Sie sind zwei Nummern zu klein.
„Aber warum machst du denn so was?"
„Ich erklär's dir: Ich führe kein schönes Leben. Ehrlich gesagt, habe ich in letzter Zeit sehr wenige angenehme Momente."-„Ja, und?"
„Ich leide schrecklich mit diesen Schuhen, ja, aber in einer Stunde, wenn ich nach Hause komme und sie ausziehen kann: Welche Freude, welche Erleichterung habe ich dann…!" Darüber kannst du jetzt den Kopf schütteln. - Doch manche denken so über das Christsein. Als müsste ich mir die Freude mühsam verdienen, um zu Gott zu gehören. Dabei ist das ganz anders. Glauben ist ein Geschenk. Ich darf bei Gottes Volk dabei sein, indem ich einfach dieses Geschenk im Namen von Jesus Christus annehme und „ja" zu ihm sage. Das ist die beste, die fröhlichste Nachricht, die es gibt. Darum heisst Evangelium übersetzt auch „frohe Botschaft!"
Und darum (falls du es noch nicht getan hast): Komm noch heute zu IHM und schliess dich ihm an!
Freu dich und fass diese Freude immer wieder neu in Worte!
Stell dir vor, ein kleiner Junge sagt: „Mama, ich freu mich schon so auf den Sommer, denn da darf ich wieder kurzärmelige Hosen tragen!". Nun, egal. Ob du im Sommer kurzärmelige Hosen oder Hemden trägst:
Freu dich und lass deine Freude ausstrahlen:

Eine Dame aus dem Mattertal macht folgendes: Zu Weihnachten bringt sie all denen ein kleines Geschenk und entschuldigt sich, mit denen sie Probleme hatte und macht ihnen damit eine Freude. Neuerdings macht sie das nicht nur an Weihnachten, sondern auch an ihrem eigenen Geburtstag.
Auch sonst verblüfft sie unter dem Jahr ihre Umgebung.- Denn sie ist bewaffnet: mit Schokoherzen. Einer gestressten Bedienung schenkt sie zum Beispiel so ein Schokoherz. Ebenso einem Schaffner und einem Fahrgast, die sich gegenseitig hart angefahren haben.
Mach auch du in der neuen Woche jeden Tag einem Menschen eine Freude!
Bitte Gott um gute Ideen!
„Das beste Rezept für dein Leben" ist unser Thema. Und Zutat Nummer eins ist die Freude!
Jetzt kommt Zutat Nummer zwei: **Lobe Gott!** So wie hier im Psalm 47.
Lobe Gott! Denn Gott hat ein Herz auch für dich! Und was für eins. Hast du das gewusst? Der Blauwal ist bis zu bis 27 Meter lang und 150 Tonnen schwer. Stell dir einmal vor, was das für lange Fischstäbchen geben würde. Die passen ja in keine Pfanne. Und ganz besonders gross ist eben das Herz vom Blauwal. Es ist so gross wie ein VW Käfer. Was für ein Herz! Es gibt aber jemand, der ein noch grösseres Herz für dich hat: Gott, der Herr. Psalm 47 sagt: Er erwählt aus Liebe seine Leute aus und du bist mit dabei! Und das darf ein riesiger Grund zum Loben und Danken für dich sein!
Lobe Gott! Denn dadurch bekommst du neuen Schwung! Stell dir vor: Ein Mann möchte sich eine Ketten-Säge kaufen. Der Verkäufer überzeugt ihn: "Damit schaffen sie locker 50 Bäume am Tag!" Der Mann bemüht sich, schafft am ersten Tag aber nur drei Bäume. Am zweiten Tag schafft er fünf und am dritten Tag sieben Bäume. Der Mann ist verärgert und möchte die Säge umtauschen. Der Verkäufer schaut sich die Säge an, prüft sie und denkt: "Eigenartig, Sprit ist drin, Zündkerze ist auch in Ordnung...testen wir sie mal." Der Verkäufer wirft die Kettensäge an, sie rattert und knattert...Erstaunt schaut der Mann den Verkäufer an und ruft: "Was ist denn das für ein Geräusch? Das Ding hat ja einen Motor!"- Schau, so ist es auch mit dem Glauben. Glauben ohne Gott zu loben, ist wie mit einer nicht angeschalteten Motorsäge Bäume fällen zu wollen. Bei dir darf das anders sein: Lobe Gott!
Denn dadurch bekommst du die volle Motivation die Dinge anzupacken.
Lobe Gott! Denn dadurch trainierst du deinen Glaubensmuskel. Manche ahnen es. Manche wissen es. Manche sehen es mir an. Ich gehe ins Fitness-Studio. Mein Fitness-Trainer hat mir da was mitgegeben. Könnt ihr das sehen? Das ist ein sogenannter „Powerball." Der hat einen Motor innen drin. Damit kann ich an jedem Ort meine Hand-und Armmuskulatur stärken. Das ist so, wie wenn ich eine 16 Kilo-Hantel hebe. Beim Kaffee im Anschluss könnt ihr das mal ausprobieren.
Aber wir haben genauso was, um unseren Glaubensmuskel zu trainieren: indem wir Gott loben!

Lobe Gott! Denn dadurch wird dein Glaube kräftiger, begeisterter und erwartungsvoller.
Darum lobe Gott, danke ihm täglich!
„Freu dich" ist die Zutat Nummer eins!
„Lobe Gott" ist die Zutat Nummer zwei!
Aller guten Zutaten sind jedoch drei. Und darum: **Zutat Nummer drei ist: „Hab Vertrauen!"** Denn ein starkes Vertrauen spricht aus diesem Psalm. Vertrauen kann Leben retten! Habt ihr es auch gelesen? Vor einiger Zeit steht es in unserer Tageszeitung: „Buch rettet Busfahrer das Leben."
Denn eine Bibel in seiner Hemdtasche hat einen Busfahrer in den USA vor dem Tod bewahrt. Zwei Schüsse bei einem Überfall prallen am Neuen Testament ab, welcher es in seiner Brusttasche getragen hat. Dieser Mann hat im wahrsten Sinn des Wortes auf Gottes Wort vertraut und es darum immer bei sich gehabt. Das Vertrauen auf Gott und sein Wort lohnen sich! Darum nimm auch du Gott bei seinem Wort: In Psalm 47 heisst es: *Gott sitzt auf seinem heiligen Thron.* Sag dir das auch in der neuen Woche und mit diesem mächtigen Verbündeten im Rücken pack die Dinge an, die du zu tun hast!
Hab Vertrauen! Ich bewundere sie! Die Hochseilartisten! Einfach einzigartig, wie die durch die Lüfte fliegen. Das Publikum meint oft, der Flieger sei der grosse Könner. Aber der wirkliche Star ist der Fänger. Er muss im Bruchteil einer Sekunde den aus der Luft Angeln, der im hohen Bogen auf ihn zufliegt. Und der Flieger darf nichts anders tun als die Hände hinhalten, damit der Fänger sicher zupacken kann. Auf uns übertragen: Wenn du das Deine getan hast, muss du die Hände im Gebet Gott hinhalten und darauf vertrauen, dass Gott dich hält, trägt und führt.
Im Vorwort zu diesem Kochbuch schreiben die Autoren. „Viele Zutaten machen das Kochen kompliziert und zeitaufwendig. Wir wollen ihre Zeit nicht verschwenden und sagen daher: Auf die Töpfe, fertig los: aller guten Dinge sind drei-auch in der Küche!" –Und wir können heute hier hinzufügen: Nicht nur in der Küche gilt das, sondern auch im ganzen Leben.
Und darum: **1. Freu dich! 2. Lobe Gott! 3. Gib dich vertrauensvoll in seine Hand!**
Das ist wirklich das beste Rezept für dich. Amen.

„Vom Gewinn des Glaubens" Psalm 48

1 "Ein Psalmlied der Söhne Korach."

2 Groß ist der HERR und hoch zu rühmen in der Stadt unsres Gottes, auf seinem heiligen Berge.

3 Schön ragt empor der Berg Zion, daran sich freut die ganze Welt, der Gottesberg fern im Norden, die Stadt des großen Königs.

4 Gott ist in ihren Palästen, er ist bekannt als Schutz.

5 Denn siehe, Könige waren versammelt und miteinander herangezogen.

6 Sie haben sich verwundert, als sie solches sahen; sie haben sich entsetzt und sind davongestürzt.

7 Zittern hat sie da erfasst, Angst wie eine Gebärende.

8 Du zerbrichst die großen Schiffe durch den Sturm vom Osten.

9 Wie wir es gehört haben, so sehen wir es an der Stadt des HERRN Zebaoth, an der Stadt unsres Gottes: Gott erhält sie ewiglich.

10 Gott, wir gedenken deiner Güte in deinem Tempel.

11 Gott, wie dein Name, so ist auch dein Ruhm bis an der Welt Enden. Deine Rechte ist voll Gerechtigkeit.

12 Dessen freue sich der Berg Zion, und die Töchter Juda seien fröhlich, weil du recht richtest.

13 Ziehet um Zion herum und umschreitet es, zählt seine Türme;

14 habt gut Acht auf seine Mauern, / durchwandert seine Paläste, dass ihr den Nachkommen davon erzählt:

15 Wahrlich, das ist Gott, unser Gott für immer und ewig. Er ist's, der uns führet.

Jetzt fliegen sie bald wieder: die Insekten. Insbesondere die, die stechen. Habt ihr das gewusst? Der beste Insektenschutz ist laut Forschern, sich wie ein Zebra anzuziehen. Denn einer Studie zufolge meiden Stechmücken dieses schwarz-weisse Muster.

Noch weit wichtiger im Leben als einen Schutz gegen Insekten zu haben, ist es, unter **Gottes Schutz** zu stehen. Das ist auch der erste Punkt. Unser heutiges Thema lautet: „**Vom Gewinn des Glaubens.**" Und das Erste ist:

Gott ist dein Schutz.

Denn von *Gottes Stadt* spricht unser Psalm 48. Du darfst Bürger dieser Stadt sein. Wie einst die heilige Stadt Jerusalem(Zion) für seine Bewohner Schutz geboten hat, so will Gott das auch für dich tun. Und halte dich fest: Du kannst schon hier und heute dabei sein. Du musst nicht Jahre auf die Einbürgerung warten. Das Entscheidende ist nur eins: Dass du das Passwort weisst. Es braucht ja immer mehr Passwörter: bei der Bank, beim Computer. Und mir passiert es manchmal: Da habe ich ein extrasicheres Passwort mit Gross-und Kleinschreibung, mit Zahlen und Sonderzeichen erstellt und hab's an einem sicheren Ort aufbewahrt- und dann habe ich es am Ende doch vergessen. Ja, einige nicken mir jetzt verständnisvoll zu.- Aber weisst du was?-

Das Passwort zum Zugang zu Gottes Stadt ist ganz einfach und leicht zu merken. Es steht im Neuen Testament und lautet: „Jesus Christus!" Wenn du dieses Passwort schon genutzt hast, ist der Weg für dich zu Gottes Stadt freigeschaltet. Wenn noch nicht, lade ich dich ein, dies noch heute zu tun. Werde auch du Bürger von Gottes Stadt, von seinem Reich. Denn:

Gott ist dein Schutz.

Bei ihm bist du sicher vor allen Angreifern. Im Psalm 48 wollen fremde Könige die Stadt Gottes angreifen.

Wo gibt es Angriffe auf dich? Da gibt es einmal Angreifer um uns. Das können bestimmte Situationen sein, die schwierig sind und die uns zusetzen, wie zum Beispiel bestimmte Gespräche, bestimmte Herausforderungen.

Dazu gibt es aber auch noch ganz spezielle Angreifer. Und die sitzen zwischen deinen beiden Ohren. Das sind die Angreifer in uns:

negative Gedanken, Unzufriedenheit und Zweifel, die dich nach unten ziehen. Die können deine Seele regelrecht belagern und angreifen.

Was auch immer dich angreift. Das ist es, was du tun musst:

Benenne die Angreifer. Das ist ganz wichtig. Die Angreifer, woher sie auch kommen, müssen benannt werden. Das ist der erste entscheidende Schritt. Und dann: Gehe duschen! Du hast richtig gehört. Stell dich unter Gottes Segensdusche. Das geht so: Sage: „Herr, das sind meine Herausforderungen, darum geht's, hier muss ich hingehen, das muss ich erledigen.

Herr, ich unterstelle mich hiermit gegen alle Angriffe deiner Segens- und Schutzmacht." Denn *gross ist der Herr,* sagt Psalm 48. Er ist GRÖSSER als alles andere, was dir begegnen kann.

Und dann handle beherzt und gehe ohne Zögern alles in der neuen Woche an.

Gott ist dein Schutz.

Gottes Einsatz für dich geht bis zum Letzten. Vor einiger Zeit höre ich von einem grossen Buschbrand in Australien. Feuerwehrleute machen nach den Löscharbeiten eine aussergewöhnliche Entdeckung. Sie finden einen vom Feuer verbrannten Vogel. Dieser hat mit ausgebreiteten Flügeln sein Nest beschützt. Als sie den Vogel hochheben, sind darunter lebende junge Vogelküken. Dieser Vogel hat zum Schutz sein Leben gegeben. Schau: Soweit geht auch Gott. Durch Jesus Christus zeigt er uns das. Durch seinen Sohn gibt er sein Leben für uns, damit wir bis in Ewigkeit geschützt sind.
Gott ist dein Schutz. Das ist das Erste.
Und dann sagt dieser Psalm noch etwas Wichtiges: **Gott führt dich.**
Es ist schon eine ganze Zeit her, da steht es in der Zeitung: Bei der Polizei von Calais, in Frankreich, meldet sich ein Ehepaar und sagt: „Unser Auto ist gestohlen worden - und zwar samt der ganzen Tiefgarage!" Die Polizei wundert sich erst. Doch dann kann sie den Fall aufklären. Das Paar hat den Wagen gar nicht, wie sie meinten, in einer Tiefgarage abgestellt - sondern auf einem Fährschiff! Und das hat zwischenzeitlich in Richtung Dover, Richtung England abgelegt. Das Parkleitsystem hat das Ehepaar wohl irregeleitet. (Kein Scherz, das ist eine originale Zeitungsmeldung!) Doch ganz anders ist das bei Gott!
Denn: **Gott führt dich richtig.** Darum: Erinnere dich dran! Der Psalm fordert zu einer Besichtigungstour für Gottes schützende Stadt auf. Mach das gedanklich auch einmal. Denke darüber nach:
Wo hat Gott dich geführt, wo Halt gegeben?
Wo in Krisen geholfen?
Welche Hindernisse hast du mit seiner Hilfe überwunden? Erinnere dich daran und danke Gott dafür!
Gott führt dich. Darum strahle das auch aus!
Denn es dürfen noch mehr Bewohner zu Gottes Stadt dazu kommen.
Denn diese Gottes-Stadt will *Freude der ganzen Welt sein*, wie der Psalm sagt. Lass es darum andere spüren, strahle es aus, wie positiv es ist, zu Gott zu gehören.
Denn wie oft verlieren wir Menschen uns im Jammern und Klagen. Sicher, es gibt auch absolute Tiefpunkte im Leben. Das ist wahr und das ist klar. Da dürfen wir jammern und klagen. Ausdrücklich! Ich hatte diese Woche mehrere Trauergottesdienste, das ist so ein Fall. -Aber das ist die Ausnahme und nicht die Regel. Die Regel ist: Christen dürfen optimistisch auftreten und dies ausstrahlen. Christen sind Optimisten. Was können sie auch anders sein, seit es Ostern gibt? Darum: Zeige das auch!
Neulich sehe ich einen kleinen Film. Vier gut gekleidete Männer sitzen bei einem Glas Wein zusammen. Die Unterhaltung fängt positiv an. Doch dann wird es immer negativer.
Es beginnt damit, dass einer anmerkt, er hätte sich in früheren Jahren glücklich geschätzt, wenn er nur das Geld für eine Tasse TEE gehabt hätte. Ein Zweiter fügt an, er wäre schon glücklich für eine Tasse KALTEN Tee gewesen. Nun überbieten sich die vier gegenseitig. Der Jammerwettkampf wird immer hitziger.

Einer der Männer schildert den armseligen Zustand seines Hauses, wo er aufgewachsen ist. Ein anderer sagt: „Haus! Du hattest Glück, in einem Haus zu leben. Wir hatten nur einen Raum für 26 Personen ohne Möbel, der Boden war durchgebrochen. Wir drängten uns alle in einer Ecke zusammen, um nicht herunterzufallen". Der Dritte: „Wir wohnten unter einer Plastikplane". Der vierte: „Wir in einem Erdloch". Das geht dann immer so weiter. Am Ende sagt einer: „Ich musste abends um 10 h in der Nacht, eine halbe Stunde bevor ich zu Bett ging, aufstehen, eine Tasse Schwefelsäure trinken, „29" Stunden am Tag arbeiten und dafür noch bezahlen".

Diese Geschichte ist völlig absurd, übertrieben und doch- die Tendenz dazu steckt in vielen drin: zu jammern und nur das Negative zu sehen. Du mach das anders:

Ein Vorschlag: Mach pro Woche einmal Klagefasten, das heisst: Verbringe einen Tag ohne Jammern und Klageliedern. Das tut dir, deiner Umgebung und deinem Glauben gut. Strahle dadurch deine Einstellung aus, dass sich ein Leben unter Gottes Führung lohnt!

Gott ist dein Schutz. Gott führt dich. Doch Psalm 48 setzt noch eins drauf: **Gott ist ewig.** Das ist der allergrösste Gewinn. –„Das Leben ist grossartig". So hat mir neulich jemand gesagt.- „Es ist eine Lust hier zu sein. Und doch: Es ist wichtig zu wissen, wo man nach diesem Leben hingeht". Die Bibel sagt: *Wir haben hier keine bleibende Stadt.* Und auch das alte Jerusalem selbst wurde eingenommen und zerstört. Doch: Du darfst bei Gott Bewohner einer ewigen unzerstörbaren Stadt sein, durch Jesus Christus! Schon heute darfst du das wissen! Und daraus darfst du Kraft schöpfen und mutig deinen Weg gehen. **Gott ist ewig.** Davon kannst du schon jetzt profitieren.

Bitte hebt einmal die Hand: Wer von euch war schon einmal auf dem Eiffelturm in Paris? Stell dir vor: Kopfschüttelnd betrachtet ein Tourist aus Texas den Eiffelturm und sagt zu seiner Frau: "Nun komme ich schon zum sechsten Mal hierher, aber noch immer scheinen die Bewohner von Paris nicht auf Öl gestossen zu sein." Darüber kannst du schmunzeln. Aber eins ist klar: Beim Eiffelturm ist nicht der Untergrund, sondern oben, der Blick das Entscheidende. Für mich war das im vergangenen Juli ein eindrückliches Erlebnis. Vor allen Dingen hast du da oben auf dem Turm den Überblick. Du erkennst die Zusammenhänge, wo was liegt! Da ist Notre Dame. Da die Oper. Da ist das Pantheon.

Umso mehr gilt das für den ewigen Gott. Er hat den Überblick über Zeit und Ewigkeit. Er kennt die Zusammenhänge auch deines Lebens. Er weiss auch einen Weg für dich. Er weiss einen Weg für deine Gesundheit. Er weiss einen Weg für deine Probleme. Er weiss einen Weg für deine Zukunft.

Er kann aus schwierigsten Situationen etwas machen. Auch aus deiner derzeitigen Lage! Gerade darum lohnt es sich, zu diesem Gott, der in unserem Psalm beschrieben wird, zu gehören.

Unser Thema heute: **Vom Gewinn des Glaubens.** Du hast es gehört, warum du bei Gott auf der Gewinnerseite stehst:

Gott ist dein Schutz. Gott führt dich. Gott ist ewig. darum hat er den Überblick für dich. Gehe mit dieser Einstellung entschlossen deinen Weg. Amen.

„Freu dich!" Psalm 84

1 Freude am Hause Gottes

2 Wie lieb sind mir deine Wohnungen, HERR Zebaoth!

3 Meine Seele verlangt und sehnt sich nach den Vorhöfen des HERRN; mein Leib und Seele freuen sich in dem lebendigen Gott.

4 Der Vogel hat ein Haus gefunden und die Schwalbe ein Nest für ihre Jungen - deine Altäre, HERR Zebaoth, mein König und mein Gott.

5 Wohl denen, die in deinem Hause wohnen; die loben dich immerdar.

6 Wohl den Menschen, die dich für ihre Stärke halten und von Herzen dir nachwandeln!

7 Wenn sie durchs dürre Tal ziehen, wird es ihnen zum Quellgrund, und Frühregen hüllt es in Segen.

8 Sie gehen von einer Kraft zur andern und schauen den wahren Gott in Zion.

9 HERR, Gott Zebaoth, höre mein Gebet; vernimm es, Gott Jakobs!

10 Gott, unser Schild, schaue doch; sieh doch an das Antlitz deines Gesalbten!

11 Denn ein Tag in deinen Vorhöfen ist besser als sonst tausend. Ich will lieber die Tür hüten in meines Gottes Hause als wohnen in der Gottlosen Hütten.

12 Denn Gott der HERR ist Sonne und Schild; der HERR gibt Gnade und Ehre. Er wird kein Gutes mangeln lassen den Frommen.

13 HERR Zebaoth, wohl dem Menschen, der sich auf dich verlässt!

Siehst du das auch so? Es ist doch grossartig, bei einer Gemeinschaft dazuzugehören. Darum haben wir bei unseren Ausflügen mit unseren Primarschulkindern immer ein grünes T-Shirt mit Walliser Wappen an. So finden wir uns leichter wieder und wir zeigen, wir gehören zusammen! Und das gilt erst recht für unsern Herrn und Gott! Und darum:
Unser Thema heute ist: **„Freu dich!"** Das ist auch der erste Punkt.
Freu dich, denn du darfst zu Gott gehören!
Darum trägt unser Psalm auch die Überschrift: *Freude am Hause Gottes.*

Ursprünglich ist da der Tempel in Jerusalem gemeint. Durch Jesus Christus jedoch steht dir Gottes Haus auf der ganzen Welt offen! Grossartig ist es dabei zu erleben: Du gehörst zu Gottes Gemeinde. Und zwar auf der ganzen Welt. Immer wieder erlebe ich das mit meiner Frau in anderen Kirchen in Frankreich, auf Zypern, in Deutschland, wo auch immer. Es ist grossartig, in der weltweiten Gemeinde von Jesus Christus dabei zu sein.
Freu dich, denn du darfst zu Gott gehören!
Darum frage ich dich: Gehörst du auch schon bewusst zu Gottes weltweitem Haus? Wenn noch nicht, lade Gott doch noch heute in dein Leben ein. Denke auch immer an die grossen Vorteile: Die Kraft, die Vergebung, die ewige Hoffnung, die du da erhältst. Das alles bekommst du doch durch Jesus Christus! Das ist wirklich eine grosse Freude!
Freu dich, denn du darfst zu Gott gehören!
Darum sagt der Beter von unserem Psalm voller Sehnsucht: *Meine Seele verlangt und sehnt sich nach den Vorhöfen des HERRN.*
Spürst du auch diese Sehnsucht? Die Sehnsucht nach deinem Herrn? Stichwort „Sehnsucht nach dem Herrn". Neulich lese ich folgende bewegende Geschichte: Hachiko, ein kleiner Hund, wird 1923 in Japan geboren und kommt bereits als Welpe zu einer Familie nach Tokio. Zu seinem Herrn, einem Wissenschaftler, hat der Hund eine ganz enge Bindung und es entwickelt sich eine tiefe Freundschaft zwischen den beiden. Sein Herr war Professor an der Universität und muss täglich mit dem Zug zu seiner Arbeitsstätte fahren. Hachiko kennt die Abfahrtszeit und auch die Ankunftszeit seines Herrn sehr genau. So läuft er jeden Tag am Nachmittag zum Bahnhof, um seinen Herrn nach seiner Ankunft wieder freudig zu begrüssen. Dies wiederholt sich jeden Tag bis zum 21. Mai 1925. Auch an diesem Nachmittag ist Hachiko bereits wieder am Bahnhof. Als die Menschen aus dem Zug aussteigen, ist sein Herr jedoch nicht dabei. Hachiko verbringt den ganzen Abend auf dem Bahnhof, aber von seinem Herrn ist weit und breit nichts zu sehen. Was er nicht wusste: dass der Professor während einer Vorlesung an einem Schlaganfall gestorben ist. Hachiko kommt weiterhin jeden Nachmittag zu dem Bahnhof. Egal wie schlecht das Wetter ist, bei Stürmen oder im Winter bei Minustemperaturen. Mit den Jahren werden die Passanten auf den Hund aufmerksam, der immer zur selben Zeit auf seinem Platz am Bahnhof war. Nach fast 10 Jahren stirbt er 1935 im Bahnhof. Bis zum letzten Atemzug wartet Hachiko auf seinen Herrn und bis zum Schluss kann nichts die Liebe zu seinem Herrn zerstören. Für seine bedingungslose Treue ist der Bahnhofsausgang, wo Hachiko immer gewartet hatte, offiziell nach ihm benannt. Wie geht es euch mit dieser Geschichte? Ich bin der festen Überzeugung:
Hätten wir nur 10% von dieser freudigen Sehnsucht zu unserem Gott- was würde sich dann in unserem Leben, in der Gemeinde, im Glauben alles ändern?
Und darum: **Freu dich, denn du darfst zu Gott gehören!**
Und darum zeige diese Freude! Wie unser Psalmbeter!
-Wenn du durch deinen Wohnort gehst. Auf dem Weg zur Arbeit. Während deiner Arbeit.

-Oder auch beim Warten. Stichwort „Warten". Vor einiger Zeit sitze ich im Wartezimmer eines Arztes. Plötzlich gähnt einer. Es dauert nicht lange und da geht das ganze Wartezimmer mit. Du sollst als Christ aber andere nicht mit deinem Gähnen anstecken, sondern mit deiner Freude!
Sicher es gibt Zeiten im Leben, wo das Freuen schwer fällt. Wenn du einen Schicksalsschlag erlebst. Einen Verlust erleidest. Das ist was anderes. Aber das normale Leben eines Christen ist von Freude bestimmt. Und darum:
Freu dich, denn du darfst zu Gott gehören! Das ist das erste. Und nun der zweite Grund: **Freu dich, denn Gott verwandelt Situationen!**
Und wie er das tut! Im Psalm heisst es: Gott verwandelt für dich sogar ein dürres Tal zu einem Quellgrund. So hilft Gott dir durchs Leben. Vielleicht hast du eine offene Frage mit in diesen Gottesdienst mitgebracht.
Hab jetzt schon eine positive Vorfreude, wie Gott dir auf deinem Weg helfen wird. Denn **Gott verwandelt Situationen!** Darum:
Überlass deine Wege auch in Zukunft bewusst deinem Gott!
Überlass deine offenen Fragen, bewusst dem Herrn! Er sorgt für dich!
Freu dich, denn Gott verwandelt Situationen.
Denn mit deinem Herrn und Gott ist so vieles möglich! Das weiss auch unser Psalm!
Er hat schon vielen Kindern das Leben gerettet: Der Kinderneurochirurg Ben Carson. Dabei hat er einen sehr schweren Start im Leben. Seine Mutter ist 13 Jahre als er zur Welt kommt. Er ist ein schlechter Schüler. Sein Spitzname war „Dummkopf". Zudem sind seine unkontrollierten Wutausbrüche bei Lehrern und Mitschülern gefürchtet. Zuhause geht alles drunter und drüber. Da beschliesst seine Mutter eines Tages, es mit Jesus zu versuchen. Sie betet regelmässig mit und für ihren Sohn. Sie bittet zuerst um Weisheit. Dann um Entschlossenheit. Sie bittet Gott ihr dadurch zu helfen, ihr Leben und ihren Alltag neu zu ordnen. Sie führt strikte Regeln ein. Sie weckt den Lesehunger ihres Sohnes. Vom schlechtesten Schüler wird er zu einem renommierten Kinderarzt und selbst zu einem gläubigen Menschen. In seinen OPs und auch sonst weiss er Gott an seiner Seite.
So siehst du: Der Glaube an Gott wendet Situationen!
Und darum sagt unser Psalmbeter: *wohl dem Menschen, der sich auf den Herrn verlässt!*
Freu dich, denn du darfst zu Gott gehören!
Freu dich, denn Gott verwandelt Situationen! Und noch etwas sagt der Psalm: **Freu dich, denn Gott ist deine Stärke!**
Gott ist deine Stärke, denn er ist wie die *Sonne*.
Es ist schon eine ganze Weile her, da lese ich einen Bericht über ein Gefangenenlager in Osteuropa. Viele Gefangene leiden an der Kälte. Sie leiden vor allem auch an der Dunkelheit in ihren Zellen. Doch zwei Gefangene halten die vielen Jahre ihrer Gefängniszeit durch. Wisst ihr, wie das möglich ist? Nun, in ihrer Zelle gibt es ein kleines Fenster, durch dieses scheint die Sonne im Durchschnitt ein bis zwei Stunden pro Tag. Nun stellen sich diese beiden

Gefangenen abwechselnd mit entblösstem Oberkörper in die Sonnenstrahlen, die durch das Fenster in die Zelle fallen. Das Licht erwärmt ihre Körper, gibt ihnen Widerstandskraft und stärkt sie. Diese täglichen stärkenden Augenblicke in der Sonne sind für beide Männer lebensentscheidend. Das weiss auch unser Psalmbeter. Darum vergleicht er Gott, den Herrn mit der Sonne.
Entwickle und pflege darum selbst ein stärkendes Sonnenblumenbewusstsein! Die Sonnenblume richtet sich immer auf die Sonne aus. Mach das genauso: Schau auf den Herrn! Schau auf seine Worte! Halte dich in der neuen Woche bewusst an ihn. Stell alles in sein Licht: deine Sorgen, deine Termine, alle deine Gedanken.
Denn: **Gott ist deine Stärke.** Sprich schon direkt nach dem Aufstehen „Gott ist meine Stärke!" In jedem Fall:
Freu dich, denn du darfst zu Gott gehören!
Freu dich, denn Gott verwandelt Situationen!
Freu dich, denn Gott ist deine Stärke!
Mit diesen Gedanken, diesem Glauben, dieser Gewissheit geh deinen Weg! Amen.

„Warum wir uns auf das neue Jahr freuen dürfen."   Psalm 93
(Jahreswechsel 2014)

Der ewige König

1 Der HERR ist König und herrlich geschmückt; / der HERR ist geschmückt und umgürtet mit Kraft. Er hat den Erdkreis gegründet, dass er nicht wankt.

2 Von Anbeginn steht dein Thron fest; du bist ewig.

3 HERR, die Wasserströme erheben sich, / die Wasserströme erheben ihr Brausen, die Wasserströme heben empor die Wellen;

4 die Wasserwogen im Meer sind gross und brausen mächtig; der HERR aber ist noch grösser in der Höhe.

5 Dein Wort ist wahrhaftig und gewiss; Heiligkeit ist die Zierde deines Hauses, HERR, für alle Zeit.

Stell dir vor, was meiner Frau passiert ist: Eines Tages bekommt sie eine Schachtel Pralinen geschenkt. Sie packt sie aus. Sie öffnet die Schachtel und sie lacht laut auf: Denn die Hälfte der oberen Reihe ist schon weggegessen. Ich sage es gleich vorweg: Ich war es nicht. Doch einmal mehr bestätigt sich hier ein Zitat aus dem berühmten Film „Forrest Gump"(vielleicht kennt ihr ihn): „Das Leben ist wie eine Schachtel Pralinen. Man weiss nie was drinsteckt". –Das gilt auch für das vor uns liegende Jahr. Was da genau drinsteckt, weiss niemand. Und trotzdem: Der Psalm 93 nennt uns wichtige Gründe, warum wir uns trotzdem auf das neue Jahr freuen dürfen.
Ein Grund ist: **Wir haben einen grossen Gott.**
Psalm 93 erinnert dich daran: Dieser Gott ist grösser. Grösser als alle Wellen und Stürme deines Lebens. Für was die auch immer stehen bei dir. Für ein bestimmtes Datum. Eine bestimmte Herausforderung. Was auch immer. Du darfst wissen:
Wir haben einen grossen Gott.
Als Kind bin ich oft auf dem Bauernhof meines Grossvaters. Vor einer Sorte Tiere habe ich da besonderen Respekt. Es sind die Gänse. Ich habe den Eindruck, diese Tiere können Angst und Unsicherheit förmlich riechen. Und als 3-4jähriger Bub kommen mir diese Tiere riesig vor, jedenfalls grösser als ich. Mit lautem Geschnatter und ihren bedrohlichen Schnäbeln kommen sie regelmässig auf mich zugestürzt. Doch dann passiert folgendes. Alarmiert von

meinen Hilferufen erscheint mein Grossvater, ein grosser und stattlicher Mann. Er überragt diese angriffslustigen Monstergänse bei weitem. Es ist so: Mein Grossvater braucht nur seinen Fuss über die Türschwelle vom Haus in den Hof zu setzen. Und die Gänse lassen sofort von mir ab.
Ab da ist mir klar: Es ist wichtig, jemand zu kennen, der grösser ist als dein Problem. Das gilt nicht nur für Gänse, das gilt fürs Leben allgemein. Darum ist es entscheidend, dass auch du zu denjenigen gehörst, die sagen können:
Wir haben einen grossen Gott.
Sprich darum nicht nur über deine Probleme, sondern sprich im Namen deines Herrn zu deinen Problemen. Verstehst du den Unterschied?
Wenn du die ganze Zeit nur über dein Problem sprichst, dann erscheint es dir immer grösser und grösser.
Du versinkst dann am Ende noch im Selbstmitleidssumpf.
Zuletzt bestimmt dich am Ende das Problem und nicht mehr Gott.
Darum sprich im Namen Gottes zu deinen Problemen.
Ein hervorragendes Beispiel gibt uns David im Alten Testament.
Statt wie alle anderen über das grosse Problem Goliath zu jammern, spricht er zu Goliath:
Du, Goliath, trittst gegen mich an mit Schwert, Lanze und Wurfspiess. Ich aber komme mit der Hilfe des Herrn.
Sprich darum auch du so zu deinem Problem.
Und sage vor allem Gott nicht nur, wie gross dein Problem ist, sondern deinem Problem, **wie gross dein Gott ist!**
Und dann handle beherzt und ohne Zögern.
Unser Thema ist: **„Warum wir uns auf das neue Jahr freuen dürfen."**
Du hast es gehört: **Wir haben einen grossen Gott.** Aber nicht nur das.
Wir haben auch einen persönlichen Gott.
Es ist doch so: Jeder von uns hat offene Fragen für die Zukunft:
„Wie geht es weiter mit mir? Werde ich im neuen Jahr schaffen, was vor mir liegt?"
Wir mögen solche Fragen haben. Aber wir haben einen persönlichen Gott. Diesen Gott darfst du wie unser Psalmbeter mit DU anreden! Obwohl er so ein heiliger und mächtiger Gott ist. Was für ein Vorrecht, was für eine Auszeichnung.
Hast du das auch schon erlebt?
Es ist gar nicht so einfach, sich prominenten Persönlichkeiten zu nähern. Ich bin im Vorstand vom Rednerclub Bern gewesen. Einmal haben wir da eine Veranstaltung mit Altbundesrat Leuenberger. Wir Mitglieder sind alle untereinander „per du". Doch mit ihm, dem prominenten Gast natürlich „per Sie." Einige trauten sich gar nicht recht in die Nähe von ihm. Als der prominente Gast um Wasser vom Wasserautomat bittet, reisst jemand von uns vor Aufregung, den gesamten Becherspender mit 150 Bechern herunter.
Doch bei Gott ist das anders. Durch Jesus Christus bist du mit Gott immer „per du."

Und darum sprich mit Gott einfach und natürlich, und erzähle ihm alles, was du auf dem Herzen hast. Du brauchst keine Formeln und schwierigen Wörter zu benutzen.

Sprich mit deinem Gott einfach mittendrin im Alltag. Mach dazu deine Augen ein paar Sekunden lang zu, wo immer du bist -am Schreibtisch, bei deiner Hausarbeit, unterwegs im Bus (natürlich nicht, wenn du den Bus selbst fährst). Lege beim Beten einfach alles in Gottes Hand. Bitte um Kraft, dein Bestes tun zu können und überlasse das Übrige vertrauensvoll Gott.

Wir haben einen grossen Gott.

Wir haben einen persönlichen Gott.

Und Psalm 93 nennt dir noch einen Grund, warum du dich auf die kommenden Monate freuen kannst. **Wir haben nämlich auch einen ewigen Gott.**

Er hat den Überblick über Zeit und Ewigkeit. Er kennt die Zusammenhänge auch deines Lebens.

Wir haben einen ewigen Gott.

Er kann auch aus schwierigsten Situationen etwas machen.

Der russische Autor und Literatur-Preisträger Alexander Solschenizyn muss während der Sowjetzeit ins Arbeitslager, weil er die Regierung kritisiert hat. Er geht als Atheist(als jemand, der nicht an Gott glaubt) ins Gefängnis und kommt als gläubiger Mensch wieder heraus. Im Nachhinein sagt er: „Ich segne dich, Gefängniszeit. Weil ich durch dich den Glauben entdeckt habe". -Sicher eine extreme Geschichte. Dennoch:

Bitte überlege dir das auch einmal selbst, wo kannst du in deinem Leben Gott danken, dass er dich durch Situationen geführt hat, die dir zuerst unmöglich erschienen, dir aber dann zum Segen wurden?

Wir haben einen ewigen Gott.

Ändere darum auch deine Perspektive. Bevor wir Gott bitten, dass er eine Situation ändern sollte, sollten wir immer zuerst beten: „Herr, verändere mich. Verändere meine Sichtweise. Lass mich in allen Schwierigkeiten auf dich schauen, auf dich bauen, auf dich trauen".

Wir haben einen ewigen Gott.

Darum gib nicht vorzeitig auf! Über viele Jahre hatte die Walliser reformierte Kirche eine Ferienkolonie in Sapinhaut im Unterwallis. Einige von euch erinnern sich daran. Neben vielen Erlebnissen, den herrlichen Blick, die ganz besondere Lageratmossphäre, die ausgelassenen Kindergruppen, ist mir auch folgendes in Erinnerung:

Die Hartnäckigkeit der Mäuse! Ihr bevorzugter Ort ist der Vorratsraum neben der Küche. Die Mäuse hatten nur eins im Sinn: Ran an unsere Vorräte. Einmal haben wir Fallen aufgestellt. Lebendfallen natürlich, etwas anderes hätten wir den Kindern gar nicht zumuten können. Eine Lebendfalle ist so ein kleiner Käfig, wo die Tür runtergeht, sobald die Maus den Käse in der Falle berührt. Wir haben die gefangene Maus dann jeweils 50, 100, ja 500 Meter vom Lagerhaus wieder freigelassen. Spätestens am nächsten Tag sind die Mäuse schon wieder in der Vorratskammer.

Hartnäckige Mäuse sind das, die nicht aufgeben. Sie können uns allen ein Beispiel sein. Denn: Wie viel stärker, wie viel intelligenter bist du von Gott ausgestattet als eine Maus! Und darum: Gib nicht vorzeitig auf! Gott weiss ganz sicher auch für dich einen Weg im neuen Jahr. Denn du hast es gehört:
Wir mögen Herausforderungen haben, **aber wir haben einen noch viel grösseren Gott.**
Wir mögen offene Fragen haben, **aber wir dürfen uns persönlich an Gott wenden.**
Unser Blick aufs neue Jahr mag in weiten Teilen begrenzt sein**. Aber wir haben einen ewigen Gott,** der den Überblick und Durchblick hat für uns.
Darum dürfen wir uns auch auf unsere Zukunft wirklich freuen.
Darum wünsche ich euch allen viel Kraft, Erfolg und Gottvertrauen für eure Zukunft. Amen.

„Drei Dinge, die dir weiterhelfen"   Psalm 103, 1-5 (mit Einführung des neuen Kirchgemeinderats)

Das Hohelied der Barmherzigkeit Gottes

1 "Von David." Lobe den HERRN, meine Seele, und was in mir ist, seinen heiligen Namen!

2 Lobe den HERRN, meine Seele, und vergiss nicht, was er dir Gutes getan hat:

3 der dir alle deine Sünde vergibt und heilet alle deine Gebrechen,

4 der dein Leben vom Verderben erlöst, der dich krönet mit Gnade und Barmherzigkeit,

5 der deinen Mund fröhlich macht und du wieder jung wirst wie ein Adler. Amen.

Geht euch das auch so?
Auf einer Reise, ob im Konfirmandenlager oder sonst wo, immer wieder kommt es mal vor: Dass ich etwas vergesse. Mal sind es die Hühneraugenpflaster, mal das Rasierzeug oder der Umstecker Schweiz –Ausland oder das Wichtigste. Was ist das Wichtigste beim Übernachten? Der Wecker! Wie gut, dass ich dann jemand bitten kann, mich zu wecken. Jemand vom Leiterteam mit einer originellen Handymelodie oder im Hotel der Weckservice.
Ein echter Wecker ist auch der Psalm 103. Unser Thema heute lautet: **„Drei Dinge, die dir weiterhelfen."** Unser Psalm erinnert dich da an drei wichtige Sachen. **Da ist erstens der Dank**!
Neuerdings habe ich eine Liste erstellt im PC. Die gehe ich beim Kofferpacken durch. Mach dir auch so eine Liste fürs Danken.
Für was kannst du Gott alles danken?
Für deinen Wohlstand, für deine Freiheit. Stell dir vor, neulich höre ich dazu folgende wahre Geschichte. Ein amerikanischer Wissenschaftler ist in Nigeria. In einer heruntergekommenen Bar trifft er einen Einheimischen. Sie kommen ins Gespräch. Der Einheimische bezeichnet dabei den Sklavenhandel früherer Zeiten als „unfair".- Der Wissenschaftler sagt: „Unfair? Das ist untertrieben. „Schrecklich" müsste man doch besser sagen! Ein Verbrechen!"- Der andere darauf: „Es ist deswegen unfair: Wenn seine Vorfahren vor 200 Jahren doch nur in die Sklaverei nach Amerika verschleppt worden wären, könnte er jetzt wenigstens in Freiheit und Wohlstand leben". –Was für ein Beispiel. Was für ein Weckruf! Es erinnert dich daran: Wir sind so gesegnet. Uns geht es so gut!

-Was kann noch auf deiner Dankesliste stehen. Der Mensch, den du liebst. Dein Land. Deine Kirchgemeinde. Und aus dem heutigen Anlass: Ich danke für den neuen Kirchgemeinderat!
„Hurra, ich will noch mal!"- Das hat mir eine 90jährige Heissluftballonfliegerin gesagt. Zum ersten Mal ist sie im Leben geflogen. Vielleicht sagt auch ihr nach den vier Jahren als Kirchgemeinderäte das auch: „Ich will noch mal!"
In jedem Fall ich danke Gott für euch! Dass ihr euch habt wählen lassen und voll dabei seid.
Danke vor allem für einen: Jesus Christus. Neulich erlebe ich was ganz Besonderes: Ein Feuerwerk für Jesus! Am 14. Juli habe ich es erlebt. Ich stehe mit meiner Frau vor dem Eiffelturm in Paris. Ein prächtiges Feuerwerk und farbige Beleuchtung sind zu sehen. Und dann ertönt aus allen Lausprechern in deutscher Sprache (!) „Jesus bleibet meine Freude" von Bach. Ein weltlicher Staat spielt an seinem Nationalfeiertag dieses Lied. Um wie viel mehr dürfen wir unsere Freude über Jesus zeigen. Denn er ist es doch, wie Psalm 103 sagt, der uns erlöst. Hier und in Ewigkeit. Danken hilft dir wirklich weiter denn: Wenn du vor einer Herausforderung stehst, erinnert dein Dank daran, wo dein Glaube dir früher schon geholfen hat. Danken motiviert dich, macht dich zufrieden und stark zugleich. Danken ist Superdieselplus für dein Leben.
Neulich sehe ich einen ehemaligen Konfirmanden. Sein Auto hat hinten so einen Spoiler. Das bringt sein Auto besser und schneller vorwärts. Mach das genauso: Mach an deinem Leben einen Spoiler dran.
Und darum: Lasst uns unseren Dank immer wieder in Worte fassen! Stell dir regelmässig folgende drei Fragen:
Welche Gründe zum Danken habe ich im Blick auf mein Leben?
Welche Gründe zum Danken habe ich im Blick auf andere Menschen?
Welche Gründe zum Danken habe ich im Blick auf den Herrn?
Und nun gleich das Zweite. Hast du das gewusst? Pro 100 Einwohner gibt es in der Schweiz 130 Mobiltelefone. Pro Jahr werden in diesem Land über 10 Milliarden Telefongespräche geführt. Bitte vergiss bei all diesen Anrufen nicht den entscheidenden Anruf: Gott anzurufen!
Das Zweite, an was dich unser Bibeltext erinnert, ist deswegen **das Gebet!**
Für was kannst du beten? Für neue Kraft natürlich, die braucht jeder!
„Immer wenn er Pillen nahm", das war die Lieblingssendung meiner Jugend. Es war eine Serie im Fernsehen, die ich nicht verpassen durfte.
Held ist dabei ein schwächlicher und schüchterner Tankwart. Nach Einnahme der Superpille entwickelt er Selbstbewusstsein, Superkräfte und kann sogar fliegen. –Jede Serienfolge wurde mit dem gleichen Spruch eingeleitet: „Seine grosse Stunde kam immer, wenn er Pillen nahm!"
Aufschwingen wie *Adler* dürfen auch wir uns und zwar ganz ohne Pillen, aber durchs Gebet. Für was kannst du alles Beten? Psalm 103 sagt es dir:
Um wieder fröhlich zu werden. Psalm 103 ist ein Gebet für L-Tage. Kennst du L-Tage: launenhaft –lustlos- lamentierend. Wenn man Psalm 103 betet, wandelt Last sich in Lust und Lebensfreude. Nimm dir gerade die Verse von Psalm 103

her, wenn du nicht gut drauf bist.

Für was beten wir heute noch? Für alle, die in unserem Land und sonst wo Verantwortung tragen, dazu zählt auch und gerade heute wiederum der Kirchgemeinderat.

Bitte denkt dabei daran: Beten verpflichtet. Denn ein Rat allein nutzt nichts. Neulich bin ich in Bern. Da sehe ich das Vorderrad von einem Velo. Es ist an einem Verkehrsschild angekettet. Nur das Vorderrad. Der Rest ist weg. Geklaut. Da wird es mir klar: Ein Rat mit „t" oder „d" alleine nützt nichts. Es braucht einen Lenker- das ist unser Herr und Gott. Und es braucht einen Rahmen- die Gemeinde. Überlege dir als Gemeindemitglied, wie du deinen Kirchgemeinderat unterstützen kannst.

Denn Beten verpflichtet. Es verpflichtet zum Beispiel zum Mutmachen.
So hat zum Beispiel Thomas Edison Henry dem Autobauer Ford Mut gemacht. Ford wurde Edison vorgestellt als der Mann, der angeblich versucht einen Wagen zu bauen, der mit Benzin fährt. Edison hört das, strahlt und haut mit der Faust auf den Tisch: „Genau das ist es. Ein Auto mit einem eigenen Kraftwerk- das ist wirklich eine brillante Idee". Bis dahin hat niemand Ford ermutigt. „Unmöglich. Lächerlich. Hirngespinst", so haben viele gedacht. Ford war dabei aufzugeben. Und dann kommt einer und hat ihn endlich ermutigt. Ab dann lief es. Mach das genauso:

Bete für Leute, baue sie auf, ermutige sie! Schon mit deinen positiven Worten kannst du so vieles tun.

Da ist der Dank. Da ist das Gebet. Und jetzt kommt noch was dazu in Psalm 103:

Die Vergebung. Neulich bin ich in einem Buchladen. Da springt mir ein Buchtitel ins Auge. „Jeder Tag ist ein Roman". Das steht auf einem Buch. Ich nehme es in die Hand. Ich blättere darin und staune: Es ist ein dickes Notizbuch mit weissen Seiten. Der Titel stimmt aber, denn jeder Tag ist ein neuer Tag, wie ein Notizbuch mit weissen Seiten, wo du neu anfangen kannst. Es tut so gut, wenn das gelebt wird. Genutzt wird. Untereinander auch gesagt und gezeigt wird! Du darfst jeden Tag neu anfangen. Egal, was vorher gewesen ist- durch Gottes Vergebung!

Wir müssen darum regelmässig vor Gott innere Inventur machen. Unseren Ölwechsel beim Auto machen wir ja auch regelmässig, die Waschmaschine entkalken wir auch regelmässig, die Zähne putzen wir ja auch regelmässig- umso wichtiger ist, dass wir regelmässig unser Herz vor Gott in Ordnung halten. Jeder muss das. Und bedenke bitte:

Es gibt keinen noch so schlimmen Fall, den Gott nicht heilen könnte! Wenn man sich nur ernsthaft zu Gott hinwendet. Das ist natürlich Voraussetzung. Denn gibt es keinen noch so schlimmen Fall, dem sich Gott nicht annehmen würde. Also, bevor jemand von euch alles hinschmeisst, erinnert euch selbst und andere an diese entscheidende Möglichkeit zu Gott zu kommen. Und Gott meint das wirklich ernst mit seinem Vergebungsangebot. Das ist nicht nur Theorie, das

macht Gott durch Jesus wirklich. Wie tiefschwarz die Tinte auch ist, in der du derzeit drin sitzt, er hilft dir heraus.
Dank, Gebet, Vergebung: Lass dich von diesen drei Dingen tragen.
Denn das will Gott für einen Menschen, der mit Jesus Christus verbunden ist. Dass du dies selbst immer siehst, tust und erlebst- das wünsche ich dir von ganzem Herzen. Amen.

„Warum sich Gottvertrauen lohnt" Psalm 107, 1-9

Danklied der Erlösten

1 Danket dem HERRN; denn er ist freundlich, und seine Güte währet ewiglich. 2 So sollen sagen, die erlöst sind durch den HERRN, die er aus der Not erlöst hat, 3 die er aus den Ländern zusammengebracht hat von Osten und Westen, von Norden und Süden. 4 Die irregingen in der Wüste, auf ungebahntem Wege, und fanden keine Stadt, in der sie wohnen konnten, 5 die hungrig und durstig waren und deren Seele verschmachtete, 6 "die dann zum Herrn riefen in ihrer Not" und er errettete sie aus ihren Ängsten 7 und führte sie den richtigen Weg, dass sie kamen zur Stadt, in der sie wohnen konnten: 8 "Die sollen dem Herrn danken für seine Güte / und für seine Wunder, die er an den Menschenkindern tut," 9 dass er sättigt die durstige Seele und die Hungrigen füllt mit Gutem.

Ich weiss es noch genau: Es ist am Ende unserer Abiturfahrt. Wir hatten mit unserer Abschlussklasse eine Griechenlandrundreise gemacht. Und nun stehen wir an einem Bahnhof in Athen. Wir warten auf unseren Zug, der uns nach Hause bringen soll. In wenigen Minuten soll dieser Zug kommen.
Da spricht mich eine mir völlig fremde Touristin an. Offensichtlich ist sie eine Amerikanerin. Sie fragt mich, ob ich bitte auf ihre Koffer aufpassen kann. Mit ihrer Fahrkarte stimmt etwas nicht. Sie muss nochmals zum Fahrkartenschalter. Ich bin so überrascht von ihrer Frage und sage spontan „ja". Die Frau geht weg und ich fühle mich wie auf glühenden Kohlen. Denn bald kommt der Zug und ich soll auf fremde Koffer aufpassen. Ich denke fortwährend: „Hoffentlich kehrt die unbekannte Frau rechtzeitig zurück". Doch dann passiert es: Die Frau kommt tatsächlich freudestrahlend zurück. Sie hat die entsprechende Fahrkarte. Ich war noch da. Ihre Koffer waren noch da. Wir beide sind erleichtert.- Ende gut, alles gut. Und doch: Ich fand das schon ganz schön erstaunlich. Das ist doch nicht selbstverständlich, jemand völlig Fremden, einfach zu vertrauen, das ist schon ein Risiko. Und da sind wir mitten in unserem Thema:
Unser heutiges Thema ist: Warum sich Vertrauen, „**warum sich gerade Gottvertrauen lohnt**." Unser Bibeltext gibt dir drei Argumente dafür. Das erste ist:
Gott gibt dir Gutes.
Habt ihr heute alle eure Computer dabei? Ich meine DEN HIER da oben. Dein Gehirn ist nämlich ein Super-Computer. Stell dir vor: Dein Gehirn lässt dein Herz 100.000-mal am Tag schlagen. Es kontrolliert dein Gefässsystem, das in der Länge zweimal den Erdball umspannt. Dein Gehirn verfügt über einen

Speicherplatz, der ein grosses Bürohaus mit Festplatten übertrifft. Gott hat dich und deinen PC da oben wunderbar gemacht, damit du gute Ideen entwickeln kannst. Und darum ist das ein Grund mehr, Gott zu danken, wie unser Psalmbeter es tut! Danke Gott deswegen regelmässig für die Fähigkeiten, die Möglichkeiten, für alles das Gute, das er dir gibt. Und dein Gehirn ist nur ein Beispiel.
Gott gibt dir Gutes und zwar an Leib und Seele.
Gerade das betont unser Psalm. Hintergrund sind die Erfahrungen Israels in der Wüste. Und da zeigt sich einmal mehr am Beispiel seines Volkes: **Gott gibt dir Gutes**. Auch in bitteren Momenten, in Stunden des Zweifelns, in Tagen der Trauer ist er da. Gott gibt dir, was du brauchst. Das siehst du auch und gerade an Jesus!
Gott gibt dir Gutes.
Er tut dies manchmal auf ganz überraschende Art. Letzten Sommer war ich in Konstanz. Das Jan Hus Museum will ich dort besuchen. Jan Hus ist ein berühmter Vorreformator gewesen. Ich habe seine Gedenkstätte und natürlich auch das grosse Münster besucht.
Vor dem Münster komme ich mit einem Mann ins Gespräch. Er ist Christ. Er wurde dies auf eine besondere Weise. Er sagt zu mir: Seine Krankheit, die ihn fast das Leben gekostet hat, führte ihn zu Gott. Klar eine Krankheit ist nicht gut. Jeder will verständlicher Weise gesund sein. Ich auch. Und doch kann sich hinter etwas Schwierigem ebenso etwas Gutes für dich verstecken. Etwas, was du erst im Nachhinein entdeckst. Und du siehst dann:
Gott gibt dir Gutes.
Auf ganz unterschiedliche Weise kann er das tun. Darum mein Rat:
Zähle regelmässig das Gute auf, das Gott für dich tut. Danke ihm mit deinen fünf Fingern.
Danke mit dem Daumen: Er zeigt nach oben, danke Gott dafür, dass er für dich da ist.
Danke mit dem Zeigefinger: Er zeigt auf andere, danke für andere Menschen, die er dir zur Hilfe schickt.
Danke mit dem Mittelfinger, er ist der grösste. Danke dafür, dass Gott auch dein zurzeit grösstes Problem in der Hand hat.
Danke mit dem Ringfinger: Er steht für die dir ganz nahestehenden Menschen: Partner, Kinder, beste Freundin oder Freund. Sie sind ein Geschenk Gottes an dich.
Danke mit dem kleinen Finger: Danke für die all kleinen, aber wichtigen Dinge im Leben, die du oft übersiehst.
Nimm dir bewusst Zeit dafür!
Du hast es gehört:
1. Gott gibt dir Gutes. Schon allein darum lohnt sich Gottvertrauen. Jetzt kommt noch etwas dazu:
2. Gott erlöst.
Darum trägt unser Psalm auch die Überschrift: *Danklied der Erlösten.*

Es gibt eine Sängerin, die ich sehr schätze. Ihr Name ist Jessye Norman. Neulich habe ich ihre Biografie gelesen. Und da beschreibt sie unter anderem folgendes eindrückliche Erlebnis: Es im Jahr1988. Da findet im Wembley-Stadion ein Rockfestival statt. Nach einigen Bands, die gespielt hatten, tritt auch die Opernsängerin Jessye Norman auf. Sie kommt auf die Bühne. Sie singt ohne begleitende Instrumente das Lied „Amazing Graze". Nach und nach wird das Stadion still, schliesslich fangen etliche tausende Menschen an mitzusingen- bei einem weltlichen Konzert! Jessye Norman sagte später, dass sie selber überrascht gewesen sei, dass dieses Lied von Gottes Gnade und Erlösung bei solch einem Anlass eine derartige Reaktion auslösen würde. Sie fügt hinzu: „Die Welt dürstet einfach nach Gottes Gnade und Erlösung". Das stimmt!
Und Gott reagiert darauf. Denn:
Gott erlöst.
Eine tiefe Sehnsucht nach Erlösung steckt in jedem von uns.
Gott erlöst Israel einst aus der Sklaverei. Aber er hört auch heute dein Schreien. Es ist das grösste Ohr, das ich jemals gesehen habe! Ein Elefantenohr ist da ein Bonsai-Ohr dagegen. Es ist letzten Sommer in Salzburg. Und da sehen wir es: Das riesige Mega-Ohr als Eingang zum Bibelmuseum in einer Kirche in Salzburg. Das Gebäude ist halb Museum, um den Besuchern die Bibel lebendig nahezubringen, zum anderen eben auch Kirche. Beim Anblick dieses Ohres wurde mir einmal mehr klar: So ist Gott für dich da. Er ist dein Erlöser und er hört dich, er sieht was du brauchst: an Essen und Trinken und auch darüber hinaus.
Das siehst du an Jesus. Bei Jesus wird dein Lebensdurst gestillt. Denn durch die Verbindung mit ihm bekommst du einen tiefen inneren Frieden. Einen Frieden, der grösser ist als alle Umstände. Einen Frieden, der bis in Ewigkeit reicht.
Dafür ist Jesus für dich ans Kreuz gegangen und wieder auferstanden.
Lass Jesus die Quelle deines Lebens sein! Denn er bringt dir Kraft zum Durchstehen, neuen Mit und neue Stärke! Was du auch heute in diesen Gottesdienst mitgebracht hast, Jesus sagt es dir: „Her zu mir. Her zur mir und her mit deinen Zweifeln, her mit deinen Problemen, deinen Tränen, her mit deinem ganzen Leben. Vertrau dich mir an und folge mir." Lass Jesus die Quelle deines Lebens sein! Wenn du an diese Lebensquelle angeschlossen bist: herzlichen Glückwunsch! Wenn noch nicht: Komm!
Gott gibt dir Gutes. Gott erlöst. Und das Dritte ist:
3. Gott führt.
Vor einiger Zeit sitzen meine Frau und ich abends in der Pfarrwohnung im Wohnzimmer. Plötzlich scharrt es an der Tür. Wir wundern uns: Wer oder was kann das sein? Der Mutigste in unserer Familie- meine Frau -öffnet die Tür. Und da rennt uns was entgegen, was wir noch nie in unserem Wohnzimmer gesehen haben:
Es ist ein Mops. Ihr habt recht gehört. Ich muss dazu sagen: Meine Frau ist echter Mopsfan. Wir haben darum sogar einen Mopskalender im Wohnzimmer. Aber das haben wir noch nie erlebt:

Ein Mops aus Fleisch und Blut rennt verzweifelt und führungslos durch unser Wohnzimmer. Er hat sich im Stockwerk getäuscht. Zum Glück kommen dann bald die Besitzer zu uns und führen ihn wieder dorthin, wo er hingehört. Aber eventuell kennst du das auch: Du drehst dich im Kreis. Du weisst nicht weiter. Ja, vielleicht fühlst du dich manchmal wie ein orientierungsloser Mops in einem fremden Wohnzimmer.
Aber Psalm 107 sagt dazu: Gott führt den richtigen Weg. Gott führt auf einzigartige Art und Weise:
Denn wer hätte das gedacht, dass Gott sein Volk aus allen Ecken und Enden der Erde wieder zusammenführt?
Gott führt jedoch auch dich in deinem grössten Problem, deiner schwierigsten offenen Frage, was und wo auch immer.
Gott führt.
Wo wir uns verirrt haben und nicht mehr weiter wissen, auch und gerade da führt dich der Herr. Er lässt dich nicht hängen. Schon als Kind habe ich es gerne gemacht: auf Papier gezeichnete Irrgärten auflösen und mit einem Bleistift den Weg zum Ziel finden. Mit der Zeit fand ich eine Methode heraus, um schneller ans Ziel zu kommen: Du musst den Irrgarten von hinten lösen.
Gerade Gott kann das in Bezug auf dein Leben. Er sieht dein Leben vom Ende her. Er hat den Überblick. Wenn der Herr unser Führer ist, dann ist der Weg sicher der rechte. Gott führt sein Volk Israel einst heraus aus dem Labyrinth der Wüste. Er findet den Weg für sein Volk. Und das gilt eben auch für dich!
Wo brauchst du gerade Gottes Führung? Klärung? Leitung? Du darfst eines wissen: **Gott tut dir Gutes. Gott erlöst und er führt dich.**
Darum lohnt sich Gottvertrauen wirklich – 100%! Amen.

„Drei Gründe Gott zu loben" Psalm 113

1 Halleluja! Lobet, ihr Knechte des HERRN, lobet den Namen des HERRN! 2 Gelobt sei der Name des HERRN von nun an bis in Ewigkeit! 3 Vom Aufgang der Sonne bis zu ihrem Niedergang sei gelobet der Name des HERRN! 4 Der HERR ist hoch über alle Völker; seine Herrlichkeit reicht, soweit der Himmel ist. 5 Wer ist wie der HERR, unser Gott, im Himmel und auf Erden? 6 Der oben thront in der Höhe, der herniederschaut in die Tiefe, 7 der den Geringen aufrichtet aus dem Staube und erhöht den Armen aus dem Schmutz, 8 dass er ihn setze neben die Fürsten, neben die Fürsten seines Volkes; 9 der die Unfruchtbare im Hause zu Ehren bringt, dass sie eine fröhliche Kindermutter wird. Halleluja! Amen.

Kennst du die Columbus-Krabbe? Stell dir vor, was die macht. Diese kleine Krabbe hält sich am liebsten unter dem Panzer von einer bestimmten Meeresschildkrötenart auf. Denn so kommt diese kleine Krabbe am besten vorwärts und zum anderen ist sie dadurch ausgezeichnet geschützt. Ja: Es ist einfach gut, so einen starken Verbündeten zu haben. Und das gilt auch für uns Menschen.
Der beste Verbündete jedoch, den du haben kannst, ist unser Herr und Gott. Unser Thema heute ist „**drei Gründe Gott zu loben.**"
Und genau das ist der Erste.
Gott ist dein bester Verbündeter.
So sagt es auch unser Psalm. Gott ist dein bester Verbündeter über alle anderen Mächte. Im Himmel und auf der Erde steht Gott über allem: *Über alle Völker*, sagt der Psalm.
Gott steht über deinem Chef. Er steht über deinem Lehrer.
Er steht über deiner Krankheit. Er steht über deinen Rückenproblemen.
Er steht über deinem grössten Problem!
Er steht einfach über allem. Und darum:
Gott ist dein bester Verbündeter.
Gott steht auch über deinem Stress.
Stichwort „Stress". Bitte hebt einmal die Hand: Wer von euch kocht gerne? (Ich meine jetzt nicht innerlich, sondern in der Küche?)
Es ist schon einige Zeit her. Da bekomme ich einen Anruf ins Pfarramt-von eben einem Koch. Er schreit ins Telefon:
„Hast du mal Zeit. Ich muss bei dir unbedingt Dampfablassen. Denn ich könnte alle Töpfe an die Wand schmeissen". Er hat mich direkt von seinem Arbeitsplatz, direkt aus der Küche von einem Restaurant angerufen. Dieser

Koch kocht innerlich und äusserlich. Dieser Mann ist total im Stress: Nichts geht, nichts klappt, alles scheint sich gegen ihn heute verschworen zu haben. Und dann erzählt er mir alle seine Verzweiflung. Es hat diesem Mann schon `mal gut getan, dass ihm jemand zuhört. Er hat sich bedankt. Aber nachdem er Dampf abgelassen hat, habe ich ihn daran erinnert:
Gott ist dein bester Verbündeter. Und darum:
Lass Gott deine Dampfabzugshaube sein!
Gib all deinen Stress in Gottes Hände. Und dann gehe Stück für Stück, Punkt für Punkt mit deinem Herrn und Gott alles an. Genauso mach es auch. Lass Gott deine **Dampfabzugshaube** sein!
Gott ist dein bester Verbündeter.
Meine Frau und ich waren am letzten Sonntagnachmittag in Lens im Unterwallis. Da gibt es eine 15 Meter hohe Christus-Statue. Sie steht auf einem Hügel symbolträchtig hoch über dem Rhonetal. Da wird es einem so richtig bewusst. Gerade durch Jesus ist das so:
Gott ist dein bester Verbündeter. Jesus steht für den Sieg über alle Sünde, Not und Tod. Wenn du zu Jesus gehörst, dann kann dir letztlich nichts mehr passieren. Und darum: Wenn du es noch nicht getan hast, nimm Jesus heute in dein Leben auf. Dann erlebst du es:
Gott ist dein bester Verbündeter.
Mit diesem Gedanken, diesem Glauben, dieser Gewissheit geh in die neue Woche! In deinen Problemen, in deinen Plänen und Projekten.
Nun aber das Zweite: **Gott schaut zu dir.**
Gott thront eben nicht nur über allem in der Höhe, wie es im Bibeltext heisst. Denn da steht noch mehr: Gott schaut eben auch in die tiefste Tiefe.
Als Vikar hatte ich eine Stelle in Kaiserslautern. Wer es nicht weiss, in dieser Stadt ist Fussball Trumpf. Ob du es willst oder nicht, wenn du in Kaiserslautern lebst, kommst du zwangsläufig damit in Berührung. Wenn du in der Fussgängerzone bist, hörst du die Begeisterungs- und Jubelschreie aus dem Stadion hoch über der Stadt. Und du wirst einfach neugierig. Und so bin auch einmal ins Stadion gegangen, um mir das anzuschauen. Dabei fällt mir eine besondere Fahne im Fanblock auf. Sie hat drei schwarze Punkte auf gelbem Untergrund. Weisst du, was dies bedeutet? Das ist das Blindenabzeichen. Damit wollen die Zuschauer dem Schiedsrichter sagen: „Du schaust nicht richtig! Du siehst gar nicht, was Sache ist. Du übersiehst ja das Entscheidende". Ob das nun stimmt oder nicht. Bei Gott ist das in jedem Fall so:
Gott schaut zu dir.
Geht es dir manchmal schon so? Du fühlst dich manchmal so am Boden, klein und negativ, dass du dich in ein Mauseloch verkriechen möchtest? „Herzlichen Glückwunsch", kann ich da nur sagen. Denn gerade die unten sind, sieht der Herr!
Meine Frage an dich: Wie weit kannst du dich herunterbeugen mit deinen Armen? Kannst du deine Zehenspitzen berühren? Neulich im Fitness-Studio da war einer, der konnte das. Da kann ich richtig neidisch werden. Aber noch bieg-

und beugsamer nach unten ist der Herr! Von hoch oben nach ganz unten. Er sieht auch in die tiefste Tiefe.

Gott schaut zu dir. In unserem Psalm steht: *Gott erhöht den Armen aus dem Schmutz.*

Beim Wort „Schmutz" kann jemand in Israel der grosse Aschehaufen einfallen. Der lag im Süden Jerusalems am sogenannten Misttor. Dort lebten die sogenannten „Unreinen", die die Stadt nicht betreten durften. In kalten Nächten konnten sie sich an frischer Asche noch ein wenig wärmen. Tagsüber bettelten sie Leute an, die durch das Tor gingen. Das waren die Armen, die Obdachlosen Jerusalems.

Heute würden diese Menschen auf Parkbänken oder unter Brücken leben. Unvorstellbar damals in Israel, dass der heilige Gott mit so jemand zu tun haben will. DOCH er will! Das siehst du gerade an Jesus. Jesus wäscht seinen Jüngern die Füsse. Jesus berührt die Aussätzigen, die Leprakranken, Jesus geht sogar ans Kreuz, was damals als besonders schändlich galt. Jesus tut das, um dich zu erlösen, zu retten, zu befreien.

Und Gott sieht auch sonst, was du brauchst! Gott sieht, wenn du im Staub, im Schmutz feststeckst. Wie auch immer der aussieht.

Was auch immer du in diesen Gottesdienst mitgebracht hast.

Mit welchem Mist du dich auch immer herumschlagen musst!

Gott sieht auch deine Not! Ja, er bringt sogar zu *Ansehen und Ehre. Er will dich Fürsten gleichsetzen*, wie unser Psalm sagt. Denn:

Gott schaut zur mir! Immer wenn du in dieser neuen Woche in einem Tief steckst, sage dir das laut: **Gott schaut zu mir.** Und dann geh mutig und entschlossen deinen Weg weiter.

Gott ist dein bester Verbündeter. Gott schaut zu dir.

Und nun steht im Psalm 113 noch was Drittes: **Gott wendet Situationen**

Erinnerst du dich daran: Im Psalm 113 ist von einer fröhlichen *Kindermutter* die Rede. Eine Frau, die nicht mehr damit rechnet, soll Mutter werden.

Kennst du Hanna? Hanna im Alten Testament hat es erlebt: Sie wird gegen alle Erwartung eine solche fröhliche Kindermutter. Hanna ist die Mutter des Propheten Samuel. Im ersten Samuelbuch kannst du ihre Geschichte nachlesen. Oder da ist Sarah, die Frau von Abraham.

Doch so was passiert aber nicht nur in biblischer Zeit.

Stell dir vor: Da ist eine Frau, vierzig Jahre alt. Sie arbeitet in einem Hotel. Sie ist am Glauben und an der Kirche sehr interessiert. Meine Frau und ich lernen sie deswegen auch im Gottesdienst kennen. Wir freunden uns an. Bei einem Kaffee sagt sie uns: „Ich muss mich wohl leider für immer damit abfinden, niemals zu heiraten. Und für Kinder ist es wohl ebenso schon zu spät. Es ist vorbei, ich werde nie eine Familie gründen können." Ich sage noch: „Wer weiss, was Gott noch mit dir vor hat". Sie aber schüttelt nur den Kopf.

Letzten August läutet es dann bei uns an der Haustür. Und wer steht vor uns: diese Frau. Aber sie ist nicht allein. Dabei ist ihr Ehemann und -nun halte dich

fest-ihr zwei Wochen altes Baby. Sie hat es auf dem Arm. Da siehst du einmal mehr, es ist, wie es im Bibeltext steht:
Gott wendet Situationen.
Wo gibt es scheinbar unmögliche Situationen in deinem Leben?
Wo gibt es ein unmögliches Problem in deiner Gesundheit?
Wo liegt ein unmöglich schwieriger Termin vor dir?
Lass dich nicht runterkriegen! Schon am Morgen, da geh positiv und voller Vertrauen in den Tag. Sage, „Danke, Herr. Mit dir schaffe ich es. Mit dir mache ich mich heute auf dem Weg. Herr, lass es nicht zu, dass mich Angst, Sorgen oder Kleindenken blockieren".
Denn du hast es gehört: **Gott ist dein bester Verbündeter.**
Gott schaut zu dir. Gott wendet Situationen.
Darum lasst uns Gott den Herrn loben und danken, wie es der Psalmbeter tut!
Vom Aufgang der Sonne bis zu ihrem Niedergang. Immer und bei allen Gelegenheiten. Amen.

„Wie wird dein Glaube wieder frisch?" Psalm 147, 1-9

Gottes Walten in der Schöpfung und in Israels Geschichte

1 Halleluja! Lobet den HERRN! / Denn unsern Gott loben, das ist ein köstlich Ding, ihn loben ist lieblich und schön.

2 Der HERR baut Jerusalem auf und bringt zusammen die Verstreuten Israels.

3 Er heilt, die zerbrochenen Herzens sind, und verbindet ihre Wunden.

4 Er zählt die Sterne und nennt sie alle mit Namen.

5 Unser Herr ist groß und von großer Kraft, und unbegreiflich ist, wie er regiert.

6 Der HERR richtet die Elenden auf und stößt die Gottlosen zu Boden.

7 Singt dem HERRN ein Danklied und lobt unsern Gott mit Harfen,

8 der den Himmel mit Wolken bedeckt / und Regen gibt auf Erden; der Gras auf den Bergen wachsen lässt,

9 der dem Vieh sein Futter gibt, den jungen Raben, die zu ihm rufen.

Hast du das gewusst? Alte Brötchen oder altes Baguette kannst du wieder frisch machen! Und das geht so: Halte das Baguette unter den Wasserhahn mit kaltem Wasser, bis es an der Oberfläche vollständig nass ist. Dann lass das Baguette bei 200 Grad 10 min aufbacken, bis es golden glänzt. Nimm es aus dem Ofen. du stellst fest: Es hat sich verwandelt, als wäre es nie alt gewesen. Es ist wieder frisch und knusprig. Ist das nicht grossartig? Es klappt wirklich, probiere es zu Hause aus!
Doch jetzt noch eine viel wichtigere Frage: „**Wie wird dein Glaube wieder frisch?**" Psalm 147 sagt es dir:
In dem du Gott lobst. Und das ist auch das Erste: **Lobe Gott!**
Mach es wie unser Psalmbeter: Sing Gott ein Loblied dafür, weil er sich um alles kümmert. Denn in unserem Psalm steht's: Gott hat Leidenschaft für seine Schöpfung. Er kümmert sich um alles. Er kümmert sich um das Grass, um das Vieh bis hin zu den Raben. Er kennt die Sterne. Er kennt auch dich und kümmert sich auch um dich. Gott ist da für sein Volk. Gott ist da für jeden einzelnen. Auch und gerade für dich.

Besonders an Jesus siehst du das. Er ist dein Retter. Er ist dein Erlöser. Er schenkt dir Vergebung. Er gibt dir ein neues Leben. Bis in Ewigkeit ist er für dich da.
Ja, Gott kümmert sich um dich!
Frage: Was hast du in diesen heutigen Gottesdienst mitgebracht?
Welche offene Frage, welche Sorge, welches Problem?
Gott ist schon am Schaffen für dich. Er ist schon am Arbeiten für dich. Er sucht bereits jetzt eine Lösung.
Und darum: **Lobe Gott!**
Und lass dich nicht davon abbringen.
„Jeden Tag Käsesandwich!" So beklagt sich ein Mann bei seinem Arbeitskollegen. „Ich halte es bald nicht mehr aus", so sagt der Mann. Darauf rät ihm sein Kollege: „Dann sag doch deiner Frau, dass sie dir was anderes machen soll." –„Meiner Frau? Ich bin doch gar nicht verheiratet, ausserdem mache mir meine Sandwich alle selbst!" Da kannst du noch darüber schmunzeln.
Aber viele klagen, jammern und machen sich selbst und andere nieder.
Oder oft höre ich den Satz: „Oh nein, morgen ist schon wieder Montag. Und die neue Woche beginnt. Ich hasse Montage. Dann geht die Mühle schon wieder los." Wie aber denkt da ein Christ? „Hurra, endlich wieder Montag. Ich freue mich darauf. Denn der Herr ist an meiner Seite. Durch Jesus hat er mit das versprochen. Er stärkt, leitet und lenkt mich!" Beschwingt geht er in die neue Woche hinein.
Lobe Gott! Und:
Fange schon am Morgen damit an. Noch bevor du aus dem Bett springst, habe dankbare Gedanken. Und dann tagsüber werden zum LDD! Bist du schon ein LDD? Ein Lob- und Dankdetektiv? Bitte um offene Augen, wo du Sachen zum Danken in Gottes Schöpfung, bei deiner Arbeit oder wo auch sonst entdeckst.
Danke für die alltäglichen Gegenstände. Was war alles nötig, um sie herzustellen. Zum Beispiel dein Auto, den Zug, indem du fährst, dein Bügeleisen, deine Waschmaschine. Denn: Wieviel von Gott geschenkte Intelligenz und Wissen steckt dahinter, denke darüber nach und danke dafür!
Denn so erkennst du, wie Gott für dich sorgt!
Einige von euch wissen es schon: Ich habe es mir seit einigen Jahren zur Gewohnheit gemacht, ein Dankbarkeitstagebuch zu schreiben. Ich schreibe mir abends mindestens drei positive Dinge auf, die mir passiert sind. Oft sind es auch vier oder fünf. Doch in dieser Woche ist es passiert. Mein Dankbarkeitstagebuch quillt über. Es platzt aus allen Nähten. Es explodiert regelrecht. Und heute steht natürlich auch und gerade ihr alle drin.
Mache auch so ein Dankbarkeitstagebuch!
Lobe Gott! Denn diese Welt hat dies dringend nötig!
Es gibt in dieser Welt so viel Reklame für das Reich des Bösen. Da ist ständig die Rede von Terror und Krieg, von Hass und Neid. Darum ist es die Aufgabe der Christen gerade für das Gegenteil, Reklame für das Reich Gottes zu machen!
Am 7. November ist es wieder soweit: Die neue Miss Schweiz wird in Basel

gewählt. Ich kann nicht mitmachen. Ich bin ein Mann und wir haben Synode. Aber: Sagt jemandem von euch der Name Laetitia Guarino etwas? Das ist die Miss Schweiz 2014. Die tut genau das. Sie macht Werbung für Gottes Reich in der Öffentlichkeit: Sie sagt in einem Interview. „Ich bin zutiefst dankbar. Ich bin Christin und sehr gläubig. Ich bete sehr oft und ich gehe regelmässig und gerne in die Kirche- das lohnt sich 100%." -Solche Meldungen braucht es. Mache das genauso! In der neuen Woche nimm dir vor, regelmässig positiv von deinem Glauben zu sprechen.
Lobe Gott! Das ist das Erste!
Und nun das Zweite: **Lass dich trösten!**
Denn unser Psalm sagt: *Gott heilt die zerbrochenen Herzens sind.* Er verbindet Wunden. Er richtet die Elenden auf.
Neulich stehen sie in der Schweizer Zeitung „Blick."- „Die unheimlichsten und tiefsten Löcher der Welt." Da gibt es u.a. die tiefste Sinkhöhle der Welt. Sie befindet sich in China: 662 m tief. -Vielleicht fühlst du dich manchmal oder vielleicht sogar heute so tief unten wie in so einem Loch.
Weisst du, was ich dir dann sage: Herzlichen Glückwunsch! Denn gerade aus schwachen, unperfekten Menschen, Menschen die ganz unten sind, aus denen kann der Herr was machen! Geh die Bibel durch. Dann erfährst du es: Abraham war zu alt. Lea war zu hässlich. Mose konnte nicht gut sprechen. Rahab war eine Dirne. Jeremia war verzweifelt. Elia wollte nicht mehr weiterleben. Jona lief vor Gott weg.
Und im Neuen Testament ist es genauso:
Die Jünger schliefen beim Beten ein(du hoffentlich nicht während dieser Predigt). Petrus verleugnete seinen Herrn. Geh die ganze Bibel durch und du siehst: Gott kann am Ende doch aus jeder Lage was machen, auch aus deiner! Wie tief du auch am Boden fühlst. Gerade an Jesus zeigt Gott dir das! Seit Ostern ist es offiziell: Sogar aus der tiefsten Tiefe, dem tiefsten Loch, sogar aus dem Tod weiss er einen Ausweg.
Lass dich trösten! Denn Gott ist nichts unmöglich!
Ich muss an Joni Eareckson denken. Als junge Frau zieht sie sich bei einem Badeunfall einen Wirbelbruch zu. Seit diesem Tag ist sie gelähmt. Doch ihr Glaube an Jesus Christus macht Unmögliches möglich. Sie wird eine Künstlerin. Sie führt dabei den Pinsel mit dem Mund. Joni signiert ihre Zeichnung mit PTL: „Praise the Lord. Preis den Herrn." Sie gründet ein Hilfswerk für Behinderte und ihre Familien. Zudem ist Joni Eareckson Autorin von 35 Büchern, darunter ihrer Biografie, die in 40 Sprachen übersetzt wurde. Es gibt ja Bücher, die liest man und kommt nicht voran. Ich meine jetzt nicht nur das Walliser Telefonbuch. Ich habe das alte noch nicht mal durchgelesen, da kommt schon wieder ein neues ins Haus.
Doch die Lebensbeschreibung von Joni Eareckson, die verschlingt man in einem Rutsch, so packt sie dich. Aus scheinbar unmöglichen Situationen kann diese gelähmte Frau mit Gottes Hilfe erstaunliches machen.
In jedem Fall: Denke auch du daran und bau darauf: Gott macht auch für dich

Unmögliches möglich. Er findet einen Weg für sein Volk- und genauso wie für dich! Das ist zutiefst tröstlich.
Lobe Gott! Lass dich trösten! Lass dich ermutigen!
Und drittens:
Lass dich ermutigen!
Denn *Gott ist gross und von grosser Kraft.* Er ist grösser als alles andere, was uns begegnen kann. Das ist total ermutigend. Das hat er in der Geschichte seines Volkes gezeigt. Daran erinnert auch unser Psalm.
Bitte hebt einmal die Hand: Wer von euch hat ein Smartphone? ---Aber habt ihr auch schon ein Zahnhandy? Vielleicht kommt es tatsächlich auf den Markt. Einen Prototyp gibt es schon davon. Dieses Mini-Handy wird in einen menschlichen Zahn eingesetzt. Das Gerät würde dann beim Essen, Sprechen oder Kopfdrehen aufgeladen. Und das Wichtigste, was sich die Erfinder versprechen: Du bist immer in Kontakt. Doch als Christ kannst du das schon heute sein! Und jedem Ort. Und zu jeder Zeit. Das ist wirklich ermutigend! Und darum: **Lass dich ermutigen!**
Mit dem Herrn an deiner Seite brauchst du nie den Mut zu verlieren, denn du bist immer in Verbindung. Du hast zum Beispiel in den nächsten Tagen ein schwieriges Gespräch, dann geh mit dem Vertrauen hinein, dass er dir die richtigen Gedanken zur rechten Zeit gibt. Oder: Du hast riesige Berge Arbeit vor dir, dann hab das Vertrauen: Er baut sie mit dir zusammen ab. Stück für Stück. Er gibt dir die Kraft dazu! –Und darum:
Unser Thema heute ist: „**So wird dein Glaube wieder frisch.**"
Unser Bibeltext gibt dir die Antwort:
Lobe Gott! Lass dich trösten!
Lass dich ermutigen!
Dann wird dein Glaube ganz gewiss wieder frisch. Amen.

„Gottes Medizin" Sprüche 17, 22

Ein fröhliches Herz tut dem Leibe wohl; aber ein betrübtes Gemüt lässt das Gebein verdorren.

Stell dir vor: Da fährt ein Pfarrer mit dem Fahrrad durchs Dorf. Plötzlich steht der Gemeindepolizist vor ihm und hält ihn auf: „Das gilt auch für Sie, Herr Pfarrer: Freihändig fahren kostet 20 Franken."– „Irrtum, Herr Polizist, ich fahre nicht freihändig, Gott lenkt für mich!" sagt der Pfarrer. – Darauf der Gesetzeshüter: „Was, auch das noch! Fahren zu zweit, das macht zusammen 40 Franken." Darüber kann und darf man jetzt lachen. Denn Lachen und eben die Freude sind die Grundbestandteile von Gottes Medizin. Denn du hast den Bibeltext gehört:
Ein fröhliches Herz tut dem Leibe wohl. Freude tut dir gut bis in den Körper hinein. Du kannst auch übersetzen: *Freude bringt gute Heilung!* Und das solltest du dir doch keinesfalls entgehen lassen! Eine medizinische Studie hat dabei festgestellt, dass schon eine mittlere Depression ausreicht, dass es zu einem Verlust an Knochendichte kommen kann. Die Studie der Mediziner zeigt aber auch, dass sich durch eine positive Einstellung neues Calcium in den Knochen anlagert und die geschwächten Knochen dadurch verstärkt werden!
Das sind erstaunliche Ergebnisse der modernen Wissenschaft – aber diese Erkenntnis ist schon 3000 Jahre alt! Denn unser Bibeltext sagt: *Ein fröhliches Herz tut dem Leibe wohl; aber ein betrübtes Gemüt lässt das Gebein verdorren.*
Wenn du Medizin nimmst, dann musst du oft etwas bei der Einnahme beachten. Du sollst sie zum Beispiel nüchtern nehmen oder nach dem Essen, mit einem Schluck Wasser, wie auch immer.
Aber wie nimmst du nun am besten Gottes Medizin? Damit Gottes Medizin wirkt, musst du erstmal etwas raus tun:
Raus mit Freudenbremsen! Das ist das Erste. Denn gerade diese Freudenbremsen machen das *betrübte Gemüt*, von dem unser Bibelvers spricht. Auf der Liste der Freudenbremsen sind zum Beispiel Vergleiche.
Wir Menschen haben die Neigung, uns ständig mit anderen Menschen zu vergleichen. Dies ist jedoch ein grosser Fehler. Denn du wirst immer jemand finden, der es angeblich besser hat als du. Die Bibel sagt: *Gott hat dich wunderbar gemacht.* Gott hat sich was dabei gedacht, als er dich schuf, genauso, wie du bist. So wollte er dich haben. Kopien gibt es schon genug, aber nur die Unikate wie DU sind wirklich wertvoll! Vergleiche dich darum nicht ständig mit anderen! Freue dich vielmehr über die Talente, die Gott dir speziell gegeben hat. Frage doch einmal eine Person des Vertrauens, was sie für besondere Gaben in dir sieht. Sie nennt dir vielleicht welche, die dir noch nicht aufgefallen sind

Eine weitere Freudenbremse ist, „kompliziert sein."
Stell dir vor: Ein Malerlehrling soll auf einer Strasse den Mittelstreifen aufmalen. Am ersten Tag malt er 3 km, am zweiten Tag 1 km, am dritten Tag malt er nur noch 300 Meter. Da fragt ihn sein Chef: "Warum lässt du so nach?" Der Lehrling antwortet: "Tja, der Weg zum Farbtopf wird von Tag zu Tag immer länger." Du schmunzelst vielleicht über dieses Beispiel. Und doch machen es auch viele unter uns zu kompliziert.
Meine Schwiegermutter hat einmal jemanden zu Gast. Beim Mittagessen jammert er ständig. „Ach, dass ich doch nur keine Sossenflecken auf die schöne weisse Tischdecke mache." Weil sich das ständig wiederholt, macht meine Schwiegermutter folgendes: Sie nimmt den Sossenlöffel taucht ihn ein und macht absichtlich einen Flecken auf das weisse Tischtuch. Der komplizierte Gast hört darauf sofort auf zu jammern. Die Freudenbremse ist gelöst.
Auf einer Skala von 1-10: Wie kompliziert bist du? Geht es bei dir Richtung 10? Geh mit Gottes Hilfe dagegen an. Denn gläubige Menschen sind einfach, klar und unkompliziert. Denn die wissen, Gott ist es auch: Zu Gott kannst du kommen wie du bist. Das gilt auch für dich heute. Egal, was du heute mitgebracht hast in diesen Gottesdienst, gib es Gott in seine Hände.
Auf Platz eins der Freudenbremsen ist das Sorgen. Jesus sagt dazu: *Sorgt nicht für morgen, denn der morgige Tag wird für das Seine sorgen.*
Und darum: Wenn du das Deinige getan hast, lebe viel mehr im HEUTE:
Denn HEUTE ist die Zeit, glücklich zu sein.
Denn HEUTE ist die Zeit, das zu geniessen, was Gott dir geschenkt hat.
Denn HEUTE lebst du –und darum HEUTE freue dich!
Raus mit Freudenbremsen! Vorbeugen ist besser als bohren, sagt der Zahnarzt und er hat recht.- Darum mach einmal FBI Freudenbremsen -Inventur. Und raus damit! Und dann aber kommt der nächste Schritt, um Gottes Medizin zu nutzen:
Reaktiviere Gottes Freude! Du hast recht gehört: **Re-aktiviere!** Denn die Freude ist schon in dir drin. Die Freude steckt in jedem Christen. Denn sie ist *Frucht des Geistes*, so lehrt es die Bibel. Darum gibt dieser Frucht reichlich Raum in deinem Leben.
Reaktiviere Gottes Freude!
Buchstabiere das Freuden-ABC durch! „A" wie andere Menschen, die mir helfen „B" wie Begleitung durch Gott, „F" wie Freiwerden(Freude hat mit Freiwerden zu tun- der Glaube macht dich frei), „S" wie Gottes Schöpfung oder „V" wie Vergebung. Alles das sind Sachen zum Freuen.
Bitte vergiss einen Buchstaben im Freuden-ABC nicht:
„C" wie Christus. Gerade das „C" ist wichtig.
Denn wie heisst doch das Lied, das wir vor der Predigt gesungen haben? ----- Richtig, *in dir ist Freude in allem Leide*. Mit *in dir* ist hier Jesus gemeint. Jesus verspricht dir zwar kein Leben ohne Leid, aber er ist der, der zu dir hält. Er ist der, der dich führt und dich durch dein Problem hindurch trägt. Und er ist der, der dir am Ende sogar ein ewiges Leben gibt. Ich denke auch an die Entstehungszeit dieses Liedes. Die Not ist im 16. Jahrhundert gross. Es gibt

Kriege, Hungersnöte und die Pest. Trotzdem singen die Christen damals viele Trostlieder voller Freude und Hoffnung. Das zeigt: Die Freude, die der Glaube schenkt, ist unabhängig von deinen derzeitigen Lebensumständen. Deswegen ist Gottes Freude so wichtig. Und darum: **Reaktiviere Gottes Freude!**
Sie ist der Sonnenschein der letztjährigen Staffel von „Germanys Next Topmodel" und sie geht als strahlende Siegerin hervor: Stefanie Giesinger. Mit 13 Jahren wäre sie fast gestorben und konnte nur durch eine Not-Operation gerettet werden. Damals stellte man bei ihr die seltene Krankheit fest, bei der sich jederzeit die Eingeweide verdrehen können. Passiert das, besteht akute Lebensgefahr.
Viele fragen sich: Wie kann diese junge Frau trotz ihrer unheilbaren Krankheit immer so fröhlich sein? Sie sagt: wegen meinem Glauben. „Gott ist für mich die Zuflucht, wenn es mir schlecht geht und wenn ich Hoffnung brauche. Ich brauche Gott aber nicht nur in schlechten Zeiten", so Stefanie Giesinger. „Denn für jeden Moment im Leben bin ich Gott dankbar; dafür, dass mir so viel Glück und Freude widerfährt."
Durch ihren Glauben und ihren Optimismus hat sie schon vielen Menschen Mut gemacht. Das darf auch bei dir so sein. Und darum, mach das genauso:
Reaktiviere Gottes Freude in dir!
Und dann: **Rein mit Gottes Freude in dein Leben!** Das ist das Dritte.
Das beginnt schon in der Kirche „Aufstehen, mein Junge!", weckt die Mutter ihren Sohn, „du musst zur Kirche!"
Der zieht sich die Decke über den Kopf: „Ich mag dort nicht hin!"
„Aber warum denn nicht?"
„Der Gottesdienst dauert immer ewig lange, die Predigt langweilt mich und die Gemeindemitglieder mögen mich nicht!" „Trotzdem", meint die Mutter mit Nachdruck, „du musst heute zum Gottesdienst gehen!" „Aber warum muss ich unbedingt, wenn ich doch nicht mag?" -„Ganz einfach: weil du der Pfarrer bist!"
Zum Glück ist das bei mir hier anders. Ich werde nicht von meiner Mutter geweckt, sondern von meiner Frau. Aber die Freude gilt natürlich für alle in der Kirche. Und darum:
Rein mit Gottes Freude in dein Leben!
Stecke die Menschen um dich herum mit deiner Freude an.
Ich denke an einen Gottesdienst im letzten Sommer in einer evangelischen Gemeinde in Paris. Wir wurden von vollkommen fremden Menschen umarmt und geküsst. Vielleicht ist das nicht deine Art. Aber trotzdem:
Fasse auch du deine Freude auf deine Weise in Worte. Drück sie auf deine Art aus. Nimm dir das fest vor. Deiner Fantasie ist da keine Grenze gesetzt.
Ich denke an meine Grossmutter. Meine Grossmutter war eine sehr fromme Frau. Sie sang ständig, lachte gerne und sprühte nur so über vor Humor. Auch entwickelte sie einmal einen Handtuch- Tanz, um das Abtrocknen weniger langweilig und vor allen Dingen fröhlicher zu gestalten. Da habe ich schon als Kind gelernt, so ist das: Christen freuen sich. Christen freuen sich schon bei ihren gewöhnlichen Tätigkeiten.

Mach daher auch selbst schon die kleinen Dinge mit Freude.
Lebe täglich deine Freude: An deinem Arbeitsplatz, beim Einkaufen, beim Fensterputzen oder wo du auch sonst unterwegs bist. Lass an allen möglichen Orten deine Freude als Christ viel mehr heraus!
Denn wie ein Vogel zum Fliegen, ein Rad zum Rollen,
so ist ein Christ zum Freuen da. Ein Tag ohne Freude ist ein verlorener Tag und darum: **Raus mit den Freudenbremsen!**
Reaktiviere Gottes Freude in dir!
Rein mit Gottes Freude in dein Leben! Das ist Gottes Medizin. Nimm sie täglich! Amen.

„Nutze die Macht des Glaubens!" Matthäus 9,27-31

27Und als Jesus von dort weiterging, folgten ihm zwei Blinde, die schrien: Ach, du Sohn Davids, erbarme dich unser!

28Und als er heimkam, traten die Blinden zu ihm. Und Jesus sprach zu ihnen: Glaubt ihr, dass ich das tun kann? Da sprachen sie zu ihm: Ja, Herr.

29Da berührte er ihre Augen und sprach: Euch geschehe nach eurem Glauben!

30Und ihre Augen wurden geöffnet. Und Jesus drohte ihnen und sprach: Seht zu, dass es niemand erfahre!

31Aber sie gingen hinaus und verbreiteten die Kunde von ihm in diesem ganzen Lande.

Neulich lese ich es in der Zeitung: „Heirat nach 80 Jahren!" Ein 103jähriger Mann in Paraguay traut sich endlich. Er hat seine 99jährige Partnerin angesprochen, ob sie ihn heiraten will. Das wurde auch Zeit. Denn das Paar hat allein 50 Enkel, dazu Urenkel, Ururenkel.
Sicher: Wichtige Entscheidungen mögen wohl überlegt sein. Aber bitte zögere nicht zu lange! Besonders bei Jesus. Sprich ihn an!
Unser Thema heute lautet:
„Nutze die Macht des Glaubens!" Und das Erste ist:
Sprich Jesus an! Wie die beiden Blinden im Bibeltext.
Sprich Jesus an! Denn bei Jesus brauchst du nicht schüchtern zu sein.
Stell dir vor: Ein Gast ist furchtbar schüchtern. Als er in einem Hotel einen Lift besteigt, fragt ihn der Liftboy: "Welches Stockwerk?" Flüstert der Gast: "Vierter Stock, falls es für Sie kein Umweg ist." Bei Jesus brauchst du nicht so schüchtern zu sein.
Sprich Jesus an! Denn er bringt deine Anliegen direkt zu Gott.
Stichwort „Lift": Wer von euch hat denn im Haus einen Lift? Wie viele Stockwerke habt ihr? Das Burdsch Chalifa in Dubai ist mit seinen 189 Stockwerken das höchste Gebäude der Welt. Stell dir vor, es gäbe da keinen Lift und du wohnst da. Da hättest da mit deinen Einkaufstaschen ganz schön was zu laufen. Aber natürlich gibt es im höchsten Gebäude der Welt superschnelle Lifte. Doch Jesus übertrifft das alles noch. Er ist ein Superlift. Er trägt deine Anliegen schnellstmöglich bis zu Gott seinem Vater.
Was hast du heute auf dem Herzen?

-Wegen deiner Gesundheit?
-Wegen einer Sache, die schief gelaufen ist bei dir?
-Wegen was auch immer:
Sprich Jesus an! Denn Hartnäckigkeit siegt. Wie bei den beiden Blinden im Bibeltext. Die bleiben hartnäckig an Jesus dran.
Habt ihr es auch gehört? Eine Katze in Süddeutschland hat die Polizei beschäftigt. Das Tier ist in eine Disco spaziert und lässt sich nicht vertreiben, obwohl die Türsteher es mehrmals ins Freie gebracht haben. Doch das hartnäckige Tier hat sich immer wieder Zutritt verschafft. Hinter den Gästen lief die Katze immer wieder auf die Tanzfläche.
Die Polizei schreibt dazu in ihrem Bericht: „Da das Tier offensichtlich das 18. Lebensjahr noch nicht vollendet hatte und keine schriftliche Genehmigung seiner Eltern vorweisen konnte, welche den Zutritt zur Diskothek erlaubten, mussten wir eingreifen und die Katze in Gewahrsam nehmen".
Der Ausreisser übernachtet deshalb auf dem Polizeirevier.
Auch wenn du nicht in die Disco gehst wie diese Katze, sie kann trotzdem ein Vorbild sein. Denn ich frage dich: Hätten wir nur 10% von ihrer Hartnäckigkeit, was könnten du und ich dann alles bewegen? Im Glauben, in der Gemeinde, im Leben überhaupt?
Sprich Jesus an! Das ist das Erste. Und nun mach folgendes:
Vertraue auf Jesu Kraft! Das ist das Zweite.
Denn in seiner Hand bist du sicher.
Wer von euch ist in der Schule gerne in den Turnunterricht gegangen? Seit ihr schon einmal über einen sogenannten Turnbock gesprungen? Vertrauen ist da wichtig. In mehreren Reihen sind wir dabei in der Turnhalle angestanden. Neben unserem Turnlehrer leisteten damals auch einige Klassenkameraden Hilfestellung. Unser Turnlehrer hatte aber unser grösstes Vertrauen. Denn er war der Fachmann, der Spezialist. Darum haben wir Schüler uns beim Darüberspringen dem Lehrer anvertraut, bei ihm war die Reihe am längsten.
Und so ist der Herr der beste und sicherste Helfer für dich. Das verstehen auch die beiden Blinden im Bibeltext.
Vertraue auf Jesu Kraft! Denn dann kann sich wirklich was ändern.
Die beiden Blinden jammern nicht nur herum. Die beiden wollen, dass sich ihre Lage wirklich ändert! Und sie vertrauen darauf, dass Jesus da was tun kann. Wie ist das bei dir?
Mein Grossvater hatte einen Bauernhof. Von Zeit zu Zeit dürfen seine Schweine aus dem Stall raus ins Freie. Mit fröhlichem Quicken rennt die kleine Schweineherde in die Freiheit. Nur ein Tier macht es anders.
Es will gar nicht raus aus dem Stall. Es bleibt lieber in seinem Mist sitzen. Es legt sich auf die Seite, lässt sich von uns Kindern über den Rücken streichen und bemitleiden. Und wir sagen zu ihm: „Ach, du bist schon ein armes Schwein".
Frage an dich: Möchtest du so leben? Willst du nur ein bisschen rumschreien im Klagestall und dafür Aufmerksamkeit, Anteilnahme und ein wenig Mitleid bekommen?

Oder willst du mit Jesus dein Leben ändern und mit ihm deine Probleme anpacken?
Willst du das wirklich, dann mach es wie die beiden Blinden: Lass dich von Jesus berühren! Lass dir die Augen öffnen für seine Möglichkeiten!
Vertraue auf seine Kraft! Dann überwindest du grösste Hindernisse.
Sagt euch der Name „Wangari Maathai" etwas? Als erste Afrikanerin erhält Wangari Maathai aus Kenia den Friedensnobelpreis. Sie ist durch ihr Engagement gegen die Entwaldung in Afrika bekannt geworden. Über 30 Millionen Bäume werden durch sie gepflanzt. Trotzdem hatte sie auch Kritiker, Gegner und Feinde. Sie wird eingesperrt, verfolgt und bedroht. Oft wird sie gefragt: „Wie hast du das trotzdem alles geschafft?"
Ihr Gottvertrauen, sagt sie, gibt ihr den Mut und die Energie, alle Hindernisse, zu widerstehen. Und darum: Mit Jesus kannst auch du am besten Hindernisse und Herausforderungen in deinem Leben überwinden.
Wo hast du in der nächsten Zeit etwas Besonderes vor?
Ein Bewerbungsgespräch, eine Prüfung, eine Untersuchung.
Was auch immer es ist: Bitte und vertraue darauf-mit Jesus:
Gibt es immer einen Weg für dich.
Gibt es immer eine Lösung.
Gibt es immer ein Weiter.
Sogar den Tod hat Jesus besiegt. Und darum:
Sprich Jesus an! Vertraue auf seine Kraft!
Und nun noch das Dritte, wie du die Macht des Glaubens nutzen kannst. Jesus will dir nicht nur die Augen, sondern auch die Ohren öffnen.
Höre, was Jesus dir sagt! Denn er ist der beste Reiseführer für dich.
Vor einigen Jahren reisen meine Frau und ich nach Ägypten. Unter anderem sind wir in Esna. Das ist nach den Pyramiden das Grossereignis schlechthin. Die von 24 Säulen gestützte und mit einem intakten Dach versehene Tempel-Halle ist einzigartig. Die Säulen sind farbig. Es ist ein Traum für jeden Ägyptenfan. Doch da passiert es: Mir wird schwarz vor Augen. Ich breche zweimal zusammen. Die Nacht vorher war ich durchgehend geöffnet. Das heisst: Ich hatte einen Virus. Ein ägyptischer Krankenwagen kommt. Die Bahre ist zu kurz, nicht für meine Grösse geschaffen. Meine Füsse ragen über die Tragbahre hinaus. Zudem schlägt mein Kopf bei jedem Schritt der Träger auf die Metallumfassung am anderen Ende auf. In dem Moment weiss ich: Wenn ich diesen Transport überlebe, komme ich überhaupt durch. -Ich habe es überlebt, darum bin ich heute hier.
Doch was hat der Reiseführer vorher gesagt: „Viel Wasser trinken! Wenn du aber durchgehend geöffnet bist: Dann bitte doppelt so viel trinken." Darum höre immer auf den Reiseführer. Höre vor allem auf den besten Reiseführer des Lebens, höre auf Jesus!
Höre, was Jesus dir sagt! Denn er weiss, was gerade dran ist. Jesus will darum im Bibeltext nicht, dass er überall als ein Wunderheiler bekannt wird. Denn

dann wären die Menschen nur aufs Wundertun fixiert und sind nicht offen für das Evangelium. Darum sagt er den beiden Geheilten, sie sollen schweigen.
Heute nach der Auferstehung von Jesus ist das ganz anders. Da gilt, was Jesus ganz am Ende des Matthäusevangeliums sagt. Seine Worte und Taten darfst du mit Freude weitersagen!
Höre, was Jesus dir sagt! Denn er weiss Rat.
Neulich lese ich folgenden Spruch: „Vor Gebrauch des Mundwerks Gehirn einschalten." Ich möchte diesen Spruch ergänzen:
„Vor Gebrauch des Mundwerks Jesus fragen!"
Bitte ihn um Weisheit, frage ihn: „Herr, was sagst du mir? Soll ich reden, soll ich schweigen?"
Jemand wartet zum Beispiel darauf, dass du ihm vergibst.
Jemand wartet darauf, dass du ihm dankst.
Jemand wartet auf ein ermutigendes Wort von dir. Frage: Gibt es da jemand bei dir? Es ist wie bei der Ampel. Bitte Jesus um Weisheit! Frage ihn: „Habe ich jetzt rotes oder grünes Licht von dir?"
Höre, was Jesus dir sagt!
Was bedeutet „ZVV?" –ZVV bedeutet „Zürcher Verkehrsverbund." Der ZVV hat einen Werbespruch an allen Bussen, S-Bahnen und Strassenbahnen. Er lautet: „Steig ein und komm mit!" Das rate ich auch dir bei Jesus:
Sprich Jesus an! Vertrau auf seine Kraft! Höre, was er sagt!
Steig ein und komm mit zu einem Leben mit ihm!
Denn so nutzt du am besten die Macht des Glaubens! Amen.

„Komm zu Gottes Kur!" Matthäus 21, 12-17

Und Jesus ging in den Tempel hinein und trieb heraus alle Verkäufer und Käufer im Tempel und stieß die Tische der Geldwechsler um und die Stände der Taubenhändler 13 und sprach zu ihnen: Es steht geschrieben (Jesaja 56,7): »Mein Haus soll ein Bethaus heißen«; ihr aber macht eine Räuberhöhle daraus. 14 Und es gingen zu ihm Blinde und Lahme im Tempel und er heilte sie. 15 Als aber die Hohenpriester und Schriftgelehrten die Wunder sahen, die er tat, und die Kinder, die im Tempel schrien: Hosianna dem Sohn Davids!, entrüsteten sie sich 16 und sprachen zu ihm: Hörst du auch, was diese sagen? Jesus antwortete ihnen: Ja! Habt ihr nie gelesen (Psalm 8,3): »Aus dem Munde der Unmündigen und Säuglinge hast du dir Lob bereitet«? 17 Und er ließ sie stehen und ging zur Stadt hinaus nach Betanien und blieb dort über Nacht.

„Erholung für Leib und Seele. Kur in neuer Dimension! Einmalig und exklusiv!" So oder ähnlich werben die verschiedenen Kurorte. Auch ihr seid heute alle zu einer besonderen Kur, zu einer Glaubenskur eingeladen. Zu einer Glaubenskur! Da stellt sich die Frage: Lohnt die sich überhaupt? Eine Kur muss sich doch lohnen!
Diese Frage stellt sich auch ein älterer Mann. Er kommt in einem bekannten Kurort an.
Er fragt einen anderen älteren Herrn, der sehr rüstig seines Weges daher schreitet:
"Sagen Sie mir bitte, ist das Klima dieses Kurortes denn wirklich so gesund?"
"Darauf können Sie sich verlassen!", sagt der Angesprochene. "Als ich herkam, konnte ich nicht gehen. Ich musste getragen oder gefahren werden, ich hatte keine Haare auf dem Kopf und musste gefüttert werden.- Und jetzt schauen Sie mich an!"
"Oh", sagt der Kurgast erfreut, "das ist ja wundervoll! Seit wann sind Sie denn hier?" -"Ich? Schon lange. Ich wurde hier geboren." Darüber kann man schmunzeln.
Doch die Glaubenskur, um die es heute geht, lohnt sich tatsächlich und nachgewiesener Massen. Denn das ist der erste Teil der Glaubenskur:
Lass dich reinigen! Jesus macht zu Beginn unseres Bibeltextes eine grosse Reinigungskur. Denn da sind die ganzen Händler. Die schreien im Vorhof des Tempels durcheinander. Da war keine Ruhe, sondern nur Lärm. Sogar Tiere blökten, muhten und meckerten. Es war wie auf dem Jahrmarkt. Wie will man da seine Gedanken ordnen? Wie will man da zu Gott sprechen? Hier muss Jesus

reinigend eingreifen! Und das gilt ebenso für dich und mich! Wir reden oft über den Stress, als wäre er wie das Wetter. Als käme er einfach so über uns, ohne dass wir daran etwas ändern können. Aber im Gegenteil zum Wetter entsteht Stress immer hier: zwischen deinen beiden Ohren- und nirgendwo anders. Die Hauptursache liegt in dir selbst, in deinen Gedanken.
-Zwei Büroangestellte arbeiten. Fragt der eine völlig gestresst: „Weisst du, wo mein Bleistift ist?" Antwort des Kollegen: „Hinter deinem Ohr." Der andere erwidert genervt: „Mensch, mache die Suche nicht so kompliziert? Hinter welchem meiner Ohren?" So kann es einem im Dauerstress gehen!
Frage dich selbst: In welchen Lebenssituationen gerätst du leicht aus dem Gleichgewicht? Bekenne Gott deine unruhige Lebenseinstellung. Und rechne dann mit Gottes verändernder Kraft in deinem Leben.
Weitere Menschen sind ruhelos, weil sie sich von ihren eigenen Ängsten bestimmen lassen. Ist dir schon einmal aufgefallen, dass die am meisten unter Ängsten und Sorgen leidenden Menschen voll und ganz mit sich selbst beschäftigt sind? Sie sagen: „Ich fürchte mich vor diesem und jenem, mir bereitet das und das Sorgen". Eine Hilfe aus diesem unruhigen Gedankenkarussell auszusteigen, ist es, gezielt an andere zu denken. Einmal bewusst von sich wegzusehen. Zum Beispiel für jemand anderen Zeit haben. Jemanden anhören. Sich für jemand anderes einsetzen. Einen Ängstlichen ermutigen. Einen Traurigen trösten. Für jemanden anderen beten. Wo immer dies geschieht, hörst du auf, ängstlich und sorgenvoll, nur um dich selbst zu kreisen.

Lass dich reinigen! Denn uns selbst sieht die Bibel als Tempel des Heiligen Geistes. Da muss alles raus, was nicht hineingehört.
Reinigen und entschlacken ist der direkte Weg zur Gesundheit. Erst neulich lese ich in einem Prospekt: „Entschlackende Massagen in Leukerbad/Wallis."
Was soll der Herr bei dir reinigen und entschlacken?
Welche negativen überflüssigen Schreihälse gibt es in dir?
Das sind vielleicht innere Stimmen, die dich kleinmachen wollen.
Stimmen, die dir die Hoffnung nehmen möchten.
Stimmen, die dich vergessen lassen wollen, dass es Gott, den Herrn gibt.
Durch solche Stimmen bist du drauf und dran Gott im alltäglichen Kleinkram und Geschäften zu vergessen. Das ist das Problem vom Tempel in Jerusalem, das ist das Problem vieler Menschen heute. Du aber mach das anders! Komm zu Jesus und:
Lass dich reinigen!
Ich erinnere mich an die Zeit als Kind. An vielen Läden (besonders Bäckereien, Fleischereien, Lebensmittelläden) hängt da ein Schild mit einem Hund an der Tür. Da steht drauf: „Wir müssen draussen bleiben".
Sag genau das allen deinen schädlichen negativen Gedanken: „Ihr müsst draussen bleiben. Ihr habt nichts in meinem Leben zu suchen!"
Denke immer daran: *Was der Mensch sät, das wird er ernten.* Dieser Satz steht im Neuen Testament. Und das gilt auch für deine Gedanken. Und darum:

Lass dich reinigen! Regelmässiges Reinigen ist notwendig. Ich habe als Student als Raumpfleger gearbeitet. Da weisst du: An der Regelmässigkeit hängt alles. Nur so gibt es auch auf die Dauer Sauberkeit. Darum sprich: „Herr nimm alles weg, was in meinem Leben nicht hineingehört. Reinige mich davon!"
Oder: Beobachte dich einen Tag lang, welche wiederkehrenden Gedanken dich bedrängen. Notiere diese Gedanken auf einen Zettel. Sprich ein Gebet darüber. Dann denk daran, in wessen Hände du täglich bist. In der Hand deines Erlösers Jesus Christus! Und dann zerreisse dieses Papier.
Einige von euch machen Gymnastik für ihren Körper.
Das tut dem Körper gut.
Mach jeden Tag aber auch deine geistliche Gymnastik:
Fülle deine Gedanken mit positiven Erwartungen!
Schaue jeden Morgen in den Spiegel. Sprich es laut aus:
„Ich bin gesegnet, geführt, getragen von meinem Erlöser.
Gott wird mir die Türen öffnen, wo immer es nötig ist."
Lass dich reinigen! Reinigen ist das eine. Doch im Bibeltext zeigt Jesus noch etwas, was zu seiner Glaubenskur gehört:
Heilen. Lasst dich heilen! -
Denn Jesus will die Menschen heilen an Leib und Seele!
Da gehen im Bibeltext den Blinden die Augen auf. Sag `mal,
mit was macht man eine Dose auf? ----mit einem….Dosenöffner.
Mit was macht man eine Flasche auf----mit einem Flaschenöffner.
Und mit was bekommt man offene Augen? -Mit Jesus. Jesus ist der Augenöffner für die Blinden im Tempel. Jesus will auch dein Augenöffner sein.
Mach regelmässig eine Segensliste statt eine Sorgenliste. Zahlreiche Menschen machen den Fehler, dass sie nur auf das schauen, was sie nicht haben. Sie verlieren den Blick für die grossartigen Segnungen Gottes. Denke bitte regelmässig daran:
Was hat Gott alles durch Jesus für dich getan?
Wo hat Gott dir geholfen in deinem Leben?
Wo bist du materiell gesegnet?
Wertschätze, was Gott dir an Positivem gegeben hat. Schätze, was du hast!
Es ist tatsächlich passiert: Ein Landwirt will seinen gutgehenden Hof verkaufen. Er hat die Lust an der Arbeit verloren. Er ist unzufrieden. Er beauftragt einen Makler. Zwei Tage später liest er eine Anzeige in der Zeitung über einen Hof. Er denkt: „Ah, wie gut das klingt. So einen Hof müsste man haben!" Er schaut genauer hin. Er stellt fest: „Moment mal- das ist ja mein eigener!" Und da gehen ihm seine Augen gehen auf, was er eigentlich hat. Er merkt, was er aufgibt. Er greift zum Telefon. Er sagt dem Makler, dass er den Verkauf seines Hofes hiermit sofort zurückzieht.
Lasst dich heilen!
Und da sind Gelähmte bei Jesus.
Wo bist du gelähmt?

Durch eingefahrene Gewohnheiten, durch Neid, durch mangelndes Vertrauen in dich und in Gott?
Gehe mit Jesus dein ganzes Leben durch! Lass dich durch ihn aktivieren!
Lasst dich heilen!
Manchmal gibt es ganz ungewöhnliche Wege dazu: Kann eine kleine Tüte Erbsen Rückenschmerzen heilen? Ein Pfarrkollege erzählt mir von der Erbsenzählmethode. Die Idee ist ganz einfach: Immer, wenn etwas Gutes geschieht, steckt man eine Erbse von der einen Hosen- oder Rocktasche in die andere. Am Ende des Tages wird man überrascht feststellen, wieviel Positives man erlebt hat. In einer Predigt hatte ich schon einmal darüber gesprochen.
Auch eine ältere Dame macht mit. Sie leidet an Rückenschmerzen und kann sich daher nicht mehr recht bücken. Beim Gang durchs Dorf fällt ihr die Erbsentüte aus der Hand. Nun liegt die Tüte auf dem Gehsteig. Sie gibt sich einen Ruck, schickt einen Stossseufzer zum Himmel und versucht mit Schwung die Tüte zu greifen. Sie kommt bis zum Boden, hebt die Erbsentüte auf. Doch nicht nur das. Während sie sich bückt, löst sich die Blockade im Rücken, es knackst und ihrem Rücken geht es wieder ausgezeichnet! Gib auch du die Hoffnung nicht auf, dass der Herr dich heilen kann.
Jesus will reinigen, heilen. Und da kommt noch etwas dazu:
Jesus will begeistern. Lasst dich begeistern!
Neulich lese ich: Biskin. Dieses Bratfett schliesst alle Poren und hält den Saft zurück.
Jesus will es umgekehrt. Dass sich bei dir die Poren öffnen und damit deine Begeisterung auf deine Umgebung überfliesst.
Lasst dich begeistern! Neulich lese ich folgendes Schild: „Es ist nie zu spät für eine glückliche Kindheit." Und das stimmt! Spontan sein, sich für Jesus begeistern, Gott loben, wie die Kinder hier im Bibeltext- das können auch wir Erwachsenen. Und darum: Weck das Gottes Kind in dir!
Beachte dazu das ABC der Begeisterung: Da ist das „A" wie Anfangen. Sieh die Möglichkeiten, die du dazu hast. Jeder, der aufhört anzufangen, ist alt. Jeder, der bereit ist anzufangen, ist jung! Anfangen ist wichtig.
Ich denke an einen über 70jährigen Bergführer aus Zermatt. Letzten Donnerstag erfahre ich: Er hat ein neues Hüftgelenk bekommen. Jetzt hat er wieder angefangen, Touristen aufs Matterhorn zu führen. Sei auch du immer bereit, neu anzufangen: körperlich, geistig und natürlich erst recht im Glauben.
Und dann: „B" wie Bremsklötze entfernen. Lass dich nicht durch Miesmacher und Nörgler ausbremsen! Nörgler sind Leute, die so lange den Kopf schütteln, bis ihnen ein Haar in die Suppe fällt. Denen kannst du es sowieso niemals recht machen. Nicht mal Jesus kann das im Bibeltext durch sein Heilungswunder. Darum lass die unberechtigten Nörgler auf der Seite!
Und schliesslich ist da „C" wie Christus. Sei offen für seine Kraft, für seine Macht, für seine Möglichkeiten! Nutze darum die Einladung von Jesus. Mach mit bei seiner Glaubenskur! Du hast es gehört, wie die geht:
Lass dich reinigen! Lass dich heilen! Lass dich begeistern!

Fange heute damit an! Amen.

„Karfreitag ist Überraschungstag" Markus 15, 25-39

Und es war die dritte Stunde, als sie ihn kreuzigten. Und es stand über ihm geschrieben, welche Schuld man ihm gab, nämlich: Der König der Juden. Und sie kreuzigten mit ihm zwei Räuber, einen zu seiner Rechten und einen zu seiner Linken. Und die vorübergingen, lästerten ihn und schüttelten ihre Köpfe und sprachen: Ha, der du den Tempel abbrichst und baust ihn auf in drei Tagen, hilf dir nun selber und steig herab vom Kreuz! Desgleichen verspotteten ihn auch die Hohenpriester untereinander samt den Schriftgelehrten und sprachen: Er hat andern geholfen und kann sich selber nicht helfen. Ist er der Christus, der König von Israel, so steige er nun vom Kreuz, damit wir sehen und glauben. Und die mit ihm gekreuzigt waren, schmähten ihn auch. Und zur sechsten Stunde kam eine Finsternis über das ganze Land bis zur neunten Stunde. Und zu der neunten Stunde rief Jesus laut: Eli, Eli, lama asabtani? Das heißt übersetzt: Mein Gott, mein Gott, warum hast du mich verlassen? Und einige, die dabeistanden, als sie das hörten, sprachen sie: Siehe, er ruft den Elia. Da lief einer und füllte einen Schwamm mit Essig, steckte ihn auf ein Rohr, gab ihm zu trinken und sprach: Halt, lasst sehen, ob Elia komme und ihn herabnehme! Aber Jesus schrie laut und verschied. Und der Vorhang im Tempel zerriss in zwei Stücke von oben an bis unten aus. Der Hauptmann aber, der dabeistand, ihm gegenüber, und sah, dass er so verschied, sprach: Wahrlich, dieser Mensch ist Gottes Sohn gewesen!

Es ist schon einige Zeit her. Da passiert in Bern etwas ganz Überraschendes. Ein Mann verfasst einen Liebesbrief. Gut, das kommt vor. Aber halt dich fest: Der Brief ist 700 m lang. Der Mann schreibt diesen Liebesbrief nämlich auf die Länggassstrasse. Das ist eine grosse Strasse hinter dem Berner Hauptbahnhof. Er arbeitet dafür mit Knieschonern die ganze Nacht durch.
3000 HERZEN malt der Verliebte dazu auf die Strasse. Er notiert zudem auf den Teer: „Mein Schatz. Vor 3000 Tagen bekam ich von dir den Kuss, der mein Leben verändert hat. Für jeden Tag gebe ich dir heute ein Herz mit auf den Weg."
Aus Liebe passiert diese überraschende Aktion. Aus Liebe handelt Gott auch heute ganz und gar aussergewöhnlich und überraschend. Und da sind wir schon mitten drin im heutigen Thema:
„Karfreitag ist Überraschungstag."

Karfreitag ist Überraschungstag, weil Gott da aussergewöhnlich handelt.
Das ist das Erste.
Bitte hebt einmal die Hand: Wer von euch kennt den Film „Der dritte Mann?"
Das ist ein Spielfilm. Er spielt kurz nach dem 2. Weltkrieg in Wien. Der
Höhepunkt des Films findet unterirdisch in der Kanalisation statt. Bei den
Dreharbeiten passiert nun folgendes. Einer der Hauptdarsteller, Orson Wells,
weigert sich, in den Kanal zu gehen. Begründung: Da unten ist es ihm zu
unsauber, zu unbequem und einfach unzumutbar. Man soll doch jemand
anderen schicken, ein Double. Oder das Ganze im Studio nachstellen.
Schliesslich kann man überreden, für einen Tag nach unten zu gehen.
Was ganz überraschend anderes zeigt dir Karfreitag. Jesus, Gottes Sohn ist
gerne bereit, für dich in die tiefsten Niederungen hinabzusteigen.
Für dich lässt er sich zwischen zwei Verbrechern kreuzigen.
Für dich schluckt er bitteren Essig.
Für dich geht Gottes Sohn sogar bis in den Tod.
Karfreitag ist Überraschungstag, weil Gott aussergewöhnlich handelt.
„HILFE! Ich stecke voll in der Tinte!" Das hat neulich jemand zu mir gesagt.
Vielleicht geht es dir heute auch so. Vielleicht bist du gerade heute mit einem
besonders schwierigen Problem in diesen Gottesdienst gekommen. Du bist ganz
tief unten wegen deiner Gesundheit, wegen einem bestimmten bevorstehenden
schwierigen Datum oder wegen irgendetwas anderem. Und du denkst, du steckst
so richtig tief drin in der Tinte. Jesus hält das nicht ab, in deine noch so
tiefschwarze Tinte hineinzusteigen. Er tut dies aus Liebe zu dir.
Hast du das schon gesehen? Auf Bildern von der Kreuzigung sieht man oft eine
Leiter. Sie steht zum einen für die Abnahme von Jesus vom Kreuz. Zum anderen
erinnert die Leiter daran: Jesus ist hinabgestiegen-für dich. Für dich wählt er
diesen überraschenden, aussergewöhnlichen Weg.
Damit du mit Gott versöhnt wirst. Damit du hier drinnen im Herzen Frieden
bekommst. Denk immer daran, wenn immer du in der nächsten Zeit eine Leiter
siehst: **Karfreitag ist Überraschungstag, weil Gott FÜR DICH
aussergewöhnlich handelt.**
Aber am Karfreitag setzt Gott noch eine Überraschung drauf! Denn:
Karfreitag ist Überraschungstag, weil Gott da so vieles für dich löst. Schau,
was ich hier in der Hand habe. Das ist ein Kreuzschlüssel. Den benutzt man, um
Schrauben und Muttern zu lösen. Mach es ab heute so: Sieh das Kreuz als
positiven Lösungs-Schlüssel für dich.
Karfreitag ist Überraschungstag, weil Gott so vieles für dich löst.
Er löst die Fleckenfrage.
Kennst du das auch? Neulich habe ich ein überraschendes Hausmittel entdeckt:
Stempelfarbe, sogar Farbe von wasserfesten Stiften, lässt sich durch kalten
Schwarztee von der Haut entfernen. Karfreitag ist Gottes bewährtestes Mittel
um alle belastenden Flecken deiner Vergangenheit von dir abzulösen. Das Kreuz
ist der beste Fleckentferner für dich. Gerade auch dafür steht das Kreuz: für
deine Vergebung! Was auch immer dich belastet.

Darum komme zu ihm mit all deinen Flecken.
Karfreitag ist Überraschungstag, weil Gott so vieles für dich löst.
Er löst auch die Verbindungsfrage. Weisst du was Nomophobie ist? Die Angst mobil nicht erreichbar, nicht in Verbindung zu sein. Darum telefonieren ja so viele beim Autofahren. Nomophobie brauchst du bei Gott nicht zu haben. Denn das Kreuz ist deine direkte Antenne zu Gott. Mit ihm bist du immer in Verbindung. Darum zerreisst am Karfreitag auch der Tempelvorhang in Jerusalem. Das heisst: Durch Jesus ist der Weg zum Allerheiligsten, zu Gott frei!
Und darum, wenn du es noch nicht getan hast:
Tritt HEUTE mit ihm bewusst in Verbindung. So wie der Hauptmann unter dem Kreuz.
Karfreitag ist Überraschungstag, weil Gott so vieles für dich löst.
Er löst sogar die grösste Frage aller Fragen: Von einer Lehrerin habe ich folgendes Erlebnis. Auf einem Wandertag kommt sie mit ihrer Klasse zu einem Kreuz. Es trägt am Fuss eine eiserne Tafel, von Wind, Regen und Frost zerfressen. Auf der Tafel ist gerade noch zu lesen: „Wer an mich glaubt, der wird ..." - und dann nur noch ein „l"; alles andere war unkenntlich geworden. „Wer an mich glaubt, der wird „l"..., was mag da wohl gestanden haben?", fragt die Lehrerin ihre Klasse. Schnell waren die Finger oben. Ein Kind platzt heraus: „Wer an mich glaubt, der wird lachen!" Eigentlich wollte der Schüler nur die anderen zum Lachen bringen. Und ebenso überraschender Weise antwortet die Lehrerin nach kurzem Nachdenken: „Stimmt, du hast Recht. Weil Jesus vom Tod auferstanden ist und auch wir auferstehen werden und darum können wir am Ende lachen." Und die Lehrerin gibt schliesslich die Auflösung des Satzes. „Jesus sagt: *Wer an mich glaubt, der wird leben*" (siehe auch Johannes 11,25). Das darfst auch du wissen. Auch die grösste Frage, was nach diesem Leben für dich kommt, ist durch Karfreitag und das Kreuz gelöst.
Darum komm zu ihm mit deinem ganzen Leben, denn:
Karfreitag ist Überraschungstag, weil Gott aussergewöhnlich handelt.
Karfreitag ist Überraschungstag, weil Gott so vieles für dich löst.
Und jetzt kommt noch was Entscheidendes dazu:
Karfreitag ist Überraschungstag, damit auch du andere überraschst!
Überrasche, verblüffe, sei erfrischend anders. Am Karfreitag hat Gott dir ein Beispiel gegeben.
Stell dir vor, auch dies ist eine wahre Geschichte: Eine Frau kommt aus der Predigt. Da taucht plötzlich ein junger Taschendieb auf, der ihr das Portemonnaie aus der Hand reisst und damit fortläuft. Das ist natürlich eine riesige Unverschämtheit. Mich macht das wütend, wenn ich so was höre. Doch noch erfüllt vom Gottesdienst ruft die Frau dem gemeinen Dieb etwas völlig Überraschendes nach: „Gott segne dich." Der Dieb dreht sich um und kommt zurück. „Ich höre wohl nicht recht? Meinen Sie das etwa im Ernst?" -„Doch", sagt die Frau. Der Mann erzählt der Frau schliesslich seine völlig aus den Fugen

geratene Lebensgeschichte. Die Frau bekommt danach ihr Portemonnaie zurück und er wendet sich zum Gehen. Doch die Frau gibt dem Dieb überraschend 20 Franken aus ihrem Geldbeutel. Und diese Geschichte ist noch nicht zu Ende. Viele Jahre später brennt das Gartenhaus dieser Frau ab. Die Frau ist ganz bestürzt darüber. Es ist ein besonderes, historisches Gartenhaus und der ganze Schatz dieser Frau. Die Zeitungen berichten darüber mit dem Foto der Frau. Wenige Tage später findet sie eine Gutschrift mit einer beträchtlichen Summe auf ihrem Bankkonto. Sie trägt den Vermerk: „Für ein neues Gartenhaus." Nach längerem Nachforschen erfährt sie den Spender. Es ist der Dieb, der ihr damals den Geldbeutel stehlen wollte. Er hat die schiefe Bahn verlassen, er hat sein Leben völlig umgekrempelt und hat auf ehrliche Art Karriere gemacht.
Sicher: Das ist eine spezielle Geschichte. Sie kann nicht verallgemeinert werden. Und doch: Sie kann jedem von uns eine Anregung sein.
Karfreitag ist Überraschungstag, damit auch du andere überraschst!
Darum nimm dir fest vor -von heute bis zum Sonntag nach Ostern- einen anderen Menschen positiv zu überraschen. Die grösste Überraschung wäre es dabei, wenn du dies bei jemand tust, mit dem du es schwer hast. Dann wäre die Überraschung wirklich perfekt. Durchkreuze im wahrsten Sinn des Wortes eingefahrene Verhaltensweisen. Nimm dir ein Blatt Papier her! Mach dir eine Liste mit zwei Spalten: In die eine Spalte notiere mögliche Kandidaten in deiner Nähe: Familie, Nachbarn, Bekannte, usw. Dann überlege dir positive Ideen.
Du musst ja nicht gleich 3000 Herzen auf die Kantonsstrasse in Visp malen. Gott schenkt dir sicher noch andere Einfälle, die genau für DEINE Situation passen. Entscheidend ist, dass du diese Ideen tatsächlich umsetzt.
Denn du hast es gehört:
Karfreitag ist Überraschungstag, weil Gott aussergewöhnlich handelt.
Karfreitag ist Überraschungstag, weil Gott da so vieles für dich löst.
Karfreitag ist Überraschungstag, damit AUCH DU andere überraschst.
So wünsche ich uns allen einen aussergewöhnlichen Karfreitag und ein an Überraschungen reiches Osterfest. Amen.

„Die grossartigste Geschichte aller Zeiten" Lukas 2, 1-20

1 Es begab sich aber zu der Zeit, dass ein Gebot von dem Kaiser Augustus ausging, dass alle Welt geschätzt würde. 2 Und diese Schätzung war die allererste und geschah zurzeit, da Quirinius Statthalter in Syrien war. 3 Und jedermann ging, dass er sich schätzen ließe, ein jeder in seine Stadt. 4 Da machte sich auf auch Josef aus Galiläa, aus der Stadt Nazareth, in das jüdische Land zur Stadt Davids, die da heißt Bethlehem, weil er aus dem Hause und Geschlechte Davids war, 5 damit er sich schätzen ließe mit Maria, seinem vertrauten Weibe; die war schwanger. 6 Und als sie dort waren, kam die Zeit, dass sie gebären sollte. 7 Und sie gebar ihren ersten Sohn und wickelte ihn in Windeln und legte ihn in eine Krippe; denn sie hatten sonst keinen Raum in der Herberge. 8 Und es waren Hirten in derselben Gegend auf dem Felde bei den Hürden, die hüteten des Nachts ihre Herde. 9 Und der Engel des Herrn trat zu ihnen, und die Klarheit des Herrn leuchtete um sie; und sie fürchteten sich sehr. 10 Und der Engel sprach zu ihnen: Fürchtet euch nicht! Siehe, ich verkündige euch große Freude, die allem Volk widerfahren wird; 11 denn euch ist heute der Heiland geboren, welcher ist Christus, der Herr, in der Stadt Davids. 12 Und das habt zum Zeichen: Ihr werdet finden das Kind in Windeln gewickelt und in einer Krippe liegen. 13 Und alsbald war da bei dem Engel die Menge der himmlischen Heerscharen, die lobten Gott und sprachen: 14 Ehre sei Gott in der Höhe und Friede auf Erden bei den Menschen seines Wohlgefallens.1 15 Und als die Engel von ihnen gen Himmel fuhren, sprachen die Hirten untereinander: Lasst uns nun gehen nach Bethlehem und die Geschichte sehen, die da geschehen ist, die uns der Herr kundgetan hat. 16 Und sie kamen eilend und fanden beide, Maria und Josef, dazu das Kind in der Krippe liegen. 17 Als sie es aber gesehen hatten, breiteten sie das Wort aus, das zu ihnen von diesem Kinde gesagt war. 18 Und alle, vor die es kam, wunderten sich über das, was ihnen die Hirten gesagt hatten. 19 Maria aber behielt alle diese Worte und bewegte sie in ihrem Herzen. 20 Und die Hirten kehrten wieder um, priesen und lobten Gott für alles, was sie gehört und gesehen hatten, wie denn zu ihnen gesagt war. 21 Und als acht Tage um waren und man das Kind beschneiden musste, gab man ihm den Namen Jesus, wie er genannt war von dem Engel, ehe er im Mutterleib empfangen war.

Montag bis Freitag läuft sie ab 15:10 h im Fernsehen.
Die TV Serie „Sturm der Liebe". Diese Sendung hat in der Schweiz viele Zuschauer.
Manche sagen, sie schauen diese Sendung nur so nebenbei beim Bügeln an.
Für die, die nicht täglich bügeln und denen diese Sendung tatsächlich unbekannt ist, sei es kurz erklärt. Es geht um folgendes:
„Sturm der Liebe" erzählt immer wieder neue Liebesgeschichten rund um das Fünf-Sterne-Hotel Fürstenhof. Immer geht es um Liebespaare, die nach vielen Irrungen und Wirrungen endlich zusammenfinden. Und weisst du was?
Genau das macht Gott auch! Denn Weihnachten ist Gottes Sturm der Liebe. Er möchte unbedingt mit dir zusammenkommen über alle Hürden hinweg. Das ist Gottes Ziel. Und darum ist es so:
Weihnachten ist die grossartigste Geschichte aller Zeiten!
Denn es ist **zum einen eine Liebesgeschichte.**
Ich frage dich: Das Verrückteste, was man vor lauter Verliebtheit machen kann?
-Der berühmte Romeo zum Beispiel schleicht sich in den Vorgarten des Hauses seiner grössten Feinde- um sich mit seiner Julia zu treffen. Das ist hochgefährlich. Trotzdem -aus Liebe macht Romeo es.
-10 000 Rosen! Gunter Sachs(der berühmte deutsch-schweizerische Firmenerbe) lässt zehntausende von Rosen per Helikopter über sein grosses Herzblatt, die Schauspielerin Brigitte Bardot, abwerfen. Das ist pure Verschwendung.
Trotzdem -aus Liebe macht er es.
- "Willst du mich heiraten?" Dieser Schriftzug prangt in grossen Buchstaben auf dem Dach einer Sporthalle in Bad Dürrheim (Deutschland). Der Hausmeister der Halle hatte die Frage für seine Liebste dort hingeschrieben. - Und jetzt droht ihm Ärger von seinem Arbeitgeber, der Stadt. Das ist ein Entlassungsgrund.
Trotzdem -aus Liebe macht er es.
-Und was tut erst Gott ver---rücktes, um dir seine Liebe zu zeigen?
Gott lässt seinen Sohn FÜR DICH an Weihnachten in Windeln legen.
Er quartiert sich in einem primitiven Stall ein.
Er lässt sich an eine Mutterbrust legen.
Gott macht sich so klein und so bescheiden, damit jeder, wirklich jeder Mensch zu ihm kommen kann: Die einfachen Hirten, wie die reichen Weisen aus dem Morgenland. Und damit auch du zu ihm kommen kannst.
„I did it in my way."(Ich tat es auf meine Weise).- So singt es Frank Sinatra in seinem berühmten Lied. Und Gott macht das auch so. Er tut es auf seine ganz besondere Weise, um dir seine Liebe zu zeigen. Denn:
Weihnachten ist zum einen eine Liebesgeschichte.
Vielleicht plagen dich heute Sorgen.
Vielleicht plagt dich eine unvergebene Schuld.
Vielleicht bist du in einem Tief, in Trauer, total am Boden. Bitte denke daran:
Gott schenkt dir an Weihnachten aus Liebe seinen Sohn, um es dir zu sagen:
„Es gibt ein Weiter. Es einen Weg für dich gibt. Es gibt eine Lösung." Darum

entfacht Gott diesen Sturm der Liebe für dich! –Bitte erinnere dich ab heute immer daran:
Weihnachten ist die grossartigste Geschichte aller Zeiten!
Es ist zum einen eine Liebesgeschichte MIT DIR und FÜR DICH!
Doch da kommt noch was dazu: Wie ist denn das bei spannenden Liebesgeschichten- was willst du dann unbedingt wissen? Natürlich wie es weitergeht. Und darum:
Weihnachten ist zudem eine Fortsetzungsgeschichte!
Die Sendung Sturm der Liebe hat nun schon über 2100 Folgen.
Doch das besondere an Gottes Sturm der Liebe an Weihnachten ist: Es soll eine Fortsetzungsgeschichte sein -mit jemand ganz besonderem: Nämlich mit DIR!
Wie kannst du bei Gottes Fortsetzungsgeschichte mitmachen? Zum einen:
Du musst nicht ganz dicht sein!
Du hast richtig gehört. Andersherum gefragt: Bist du offen? Der mutmassliche Herbergsbesitzer in der Weihnachtsgeschichte ist vollkommen dicht. Der hat keinen Platz für Maria, Josef und das Kind.
So ist das mit dem Wirt in der Weihnachtsgeschichte. Weil er vor lauter Hektik nur mit sich selbst beschäftigt ist, verpasst er den Gast, den Gast seines Lebens.
Du aber bist hoffentlich nicht ganz dicht. Du bist offen für Jesus, deinen Retter und Erlöser und seine Botschaft! Das ist die eine Voraussetzung!
Zum anderen: Gib weiter, was in der Weihnachtsgeschichte steht!
Da ist zum einen die Freude. *Siehe, ich verkündige euch große Freude*, steht in der Weihnachtsgeschichte.
Gib darum die Freude von Weihnachten weiter!
Denn ein freudloser Christ ist:
-wie Fussball ohne Ball,
-wie ist wie Pommes Frites ohne Kartoffeln,
-wie das Matterhorn mit abgesägtem Gipfel.
Das alles geht gar nicht! So ist auch ein Christ ohne Freude. Sicher es gibt Tage, wo es einem schwer fallen kann- doch das sind die Ausnahmen.
„Grundeinstellung ab Werk", so steht es oft in Gebrauchsanweisungen von technischen Geräten. Deine Grundeinstellung durch Gott, dein Normalzustand ist die Freude!
Frage: Wohin schaust du am Morgen als Erstes?
Auf dein Smartphone, deine Cornflakes Packung, in den Badezimmerspiegel? Wohin auch immer. Mach dir ein Schild: „Heute freuen nicht vergessen!"
Und dann: Trage die Freude über Jesus bewusst in deine Umgebung.
Zeige sie, wo immer du nur kannst.
-Wie kannst du noch bei Gottes Fortsetzungsgeschichte mitmachen?
Da ist zum anderen der Friede. *Frieden soll auf Erden sein,*
steht in der Weihnachtsgeschichte.
Gib darum den Frieden von Weihnachten andere weiter!
Es stand in allen Zeitungen! Anfang diesen Jahres 2014 ist es passiert. Stell dir vor die berühmten Niagara-Fälle waren für einige Zeit eingefroren. Eisschollen

verstopften den Durchfluss, so dass das Wasser gefrieren konnte. Doch die Beziehungen von Menschen sind manchmal sogar noch länger, sogar Jahrzehnte eingefroren.
Bei dir darf das anders sein:
Bitte schliesse darum einmal kurz die Augen(aber jetzt bitte nicht einschlafen, auch wenn der Festtagsbraten sehr umfangreich war, bitte wachbleiben). Denke jetzt an jemanden, mit dem du es gerade schwer hast. Hast du diese Person bildlich vor dir? Ja?!----
Genau für diesen Menschen solltest du beten. Genau IHM ein positives Zeichen senden. Tue dies, um mit ihm die Eiszeit beenden. Damit sich der Frieden von Weihnachten durch dich ausbreiten kann.
Bitte Gott um gute Ideen, um bei seiner Fortsetzungsgeschichte dabei zu sein.
Weihnachten ist eine Liebesgeschichte.
Weihnachten ist zudem eine Fortsetzungsgeschichte
Weihnachten ist wirklich die grossartigste Geschichte aller Zeiten!
Jetzt kommt noch was Drittes hinzu:
Weihnachten ist eine Geschichte mit Happy-end.
Darum beginnt der Herr ab Weihnachten eine gemeinsame Happy-end – Zukunftsplanung mit dir.
„Schluss mit uferlosem Bau von Zweitwohnungen." So konnte man 2012 in Schweizer Zeitungen lesen.
Und wir haben noch bis heute eine Diskussion darüber.
Ich weiss nicht, wie du damals abgestimmt hast. Gott aber ist da parteiisch. Gott ist ein absoluter Befürworter von Zweitwohnungen!
Bitte denke daran: deine derzeitige Postadresse in Visp(oder wo du auch sonst wohnst) ist nur EIN Wohnsitz! Du hast bei Gott noch einen andern. Du hast eine Liegenschaft im Himmel. Den Gottes Sohn wird von der Weihnachtskrippe bis ans Kreuz gehen, um dir den Weg dahin freizumachen.
Und das Beste ist: Schon jetzt darfst du täglich aus deinem Zweitwohnsitz Energie, Erleuchtung, Ermutigung bekommen.
Und darum: Was auch immer du nach Weihnachten vorhast.
Mit diesem Rückenwind der Liebe von Weihnachten-
pack sie an: deine Herausforderungen. Pack sie an: deine Aufgaben.
Pack sie an: all die Dinge, die vor dir liegen.
In jedem Fall, es war so, es ist so, es wird so sein:
Weihnachten ist die grossartigste Geschichte aller Zeiten!
Denn da entfacht Gott für dich diesen einzigartigen Sturm der Liebe. Damit du es erkennst, erfährst, erlebst:
Weihnachten ist eine Liebesgeschichte, eine Fortsetzungsgeschichte,
eine Geschichte mit Happy-end FÜR DICH.
Deswegen, gerade deswegen und nur deswegen ist Jesus heute für dich geboren.
Amen.

„Jesus, deine Chance" Lukas 13, 10-17

Die Heilung einer verkrümmten Frau am Sabbat

10 Und er lehrte in einer Synagoge am Sabbat. 11 Und siehe, eine Frau war da, die hatte seit achtzehn Jahren einen Geist, der sie krank machte; und sie war verkrümmt und konnte sich nicht mehr aufrichten. 12 Als aber Jesus sie sah, rief er sie zu sich und sprach zu ihr: Frau, sei frei von deiner Krankheit! 13 Und legte die Hände auf sie; und sogleich richtete sie sich auf und pries Gott. 14 Da antwortete der Vorsteher der Synagoge, denn er war unwillig, dass Jesus am Sabbat heilte, und sprach zu dem Volk: Es sind sechs Tage, an denen man arbeiten soll; an denen kommt und lasst euch heilen, aber nicht am Sabbattag. 15 Da antwortete ihm der Herr und sprach: Ihr Heuchler! Bindet nicht jeder von euch am Sabbat seinen Ochsen oder seinen Esel von der Krippe los und führt ihn zur Tränke? 16 Sollte dann nicht diese, die doch Abrahams Tochter ist, die der Satan schon achtzehn Jahre gebunden hatte, am Sabbat von dieser Fessel gelöst werden? 17 Und als er das sagte, mussten sich schämen alle, die gegen ihn gewesen waren. Und alles Volk freute sich über alle herrlichen Taten, die durch ihn geschahen.

Geht dir das manchmal auch so? Du bist allein auf einer Veranstaltung, bei einem Empfang. Und du kennst praktisch kaum jemand. Und du fragst dich: Wie könntest du mit anderen ein Gespräch beginnen? Ich gebe dir einen ziemlich sicheren Tipp: „Rückenprobleme."- Ja: Beginn über das Thema „Rücken" zu reden, da findest du immer jemanden. Denn 70% der Menschen leiden im Laufe ihres Lebens mehr oder weniger darunter.
Ein besonders arger Fall ist diese Frau im Bibeltext. Ihre Rückenprobleme lassen sie nicht mehr aufrecht gehen, stehen und sehen.
Und jetzt ist entscheidend, was Jesus hier macht. Unser Thema heute: **„Jesus, deine Chance".**- Das Erste ist, was du erfährst:
1. Jesus sieht. Jesus sieht diese einzelne Frau. Das ist ihre Chance. Denn Jesus unterbricht für sie sogar seinen Vortrag, seine Predigt. Stellt euch vor, ich mache dies hier im Gottesdienst. Pssst! Bitte sagt es niemand weiter. Das ist mir in den letzten 15 Jahren im Wallis auch einmal passiert. In St. Niklaus war es. Beim Freizeitzentrum Schwiederenen. Es ist ein Freiluft- Gottesdienst. Ich bin da so mitten drin in der Predigt. Da kommt ein Mann mit einem Overall und sagt: „Gehört jemand von euch das silbergraue Auto. Es steht ungünstig vor meinem Lastwagen." So musste ich zwangsweise meine Predigt unterbrechen und 300 m

zum Parkplatz gehen. Die versammelte Gemeinde hat laut gelacht. Ich kann das auch heute. Aber im Moment hatte ich leuchtend rote Ohren, denn so ein unfreiwilliger Unterbruch ist schon peinlich.
Doch Jesus unterbricht hier gerne und freiwillig. Und er sieht auch deine Situation! Was du heute auch in diesen Gottesdienst mitgebracht hast.
Bei der Frau ist es so: Da ist Böses, da ist der Böse, der ihr das Rückgrat verkrümmt. Was hält dich selbst klein, gebeugt, niedrig? Was lässt dich nicht aufrecht gehen? Was macht dir den Rücken krumm? Ist es ein ganz spezielles Problem, das dich plagt? Du darfst eines wirklich wissen: Jesus sieht auch dich heute und deine Situation ganz bewusst an! Und er ist ebenso speziell für dich da!
Jesus sieht. Aber auch diese Frau tut etwas. Hast du es gehört? Sie sucht die Nähe von Jesus. Gerade dadurch bekommt sie die Chance, mit Jesus in Kontakt zu kommen. Wie kannst du die Nähe von Jesus suchen? Was denkst du? Die klassischen Methoden sind: durchs Gebet, indem du sein Wort liest, in seine Gemeinde gehst. Aber darüber hinaus, mach doch auch Folgendes: Übernimm Jesu Sichtweise: Achte in der neuen Woche auf Randfiguren in deinem Leben. Was können sie dir sagen, was können sie dir zeigen, wo kannst du ihnen helfen? Zudem: Wie kannst du Unterbrechungen nutzen? Ich habe dem LKW-Chauffeur auf dem Weg zum Parkplatz auf seine Nachfrage hin über die Reformierten im Wallis erzählt und als Zugabe die drei Hauptpunkte meiner Predigt genannt. In jedem Fall frage dich: Wo kannst du deine Umgebung mit anderen Augen, den offenen Augen von Jesus sehen lernen?
Jesus sieht. Das ist deine Chance. Suche darum wie diese Frau seine Nähe. Das ist das Erste
Doch Jesus macht hier noch etwas: **Jesus ruft.** Er ruft diese Frau. Das ist ihre Chance. „Nach mir kräht kein Hahn!" Kennt ihr diesen Satz? Dieses Gefühl, diesen Gedanken? Denkst du das manchmal auch? Und doch, sehr wohl interessiert sich jemand für dich! – Denn Jesus interessiert sich für dich! Denn wie diese Frau sind auch wir Töchter und Söhne Abrahams. Wir gehören wie diese Frau durch Jesus Christus zu Gottes Volk.
Neulich halte ich ein Buch in der Hand. Es trägt den Titel: „Was bin ich wert?" Mein volkswirtschaftlicher Wert, mein werbewirtschaftlicher Wert, mein Wert rein chemisch gesehen wird da zusammengezählt und alles zusammengerechnet macht dann insgesamt einen bestimmten Betrag.
Die Bibel aber sagt dir. Du bist unendlich viel mehr wert!
Gott gibt dir seinen Sohn. Sich selbst! So viel bist du ihm wert! Damit du Frieden in deinem Herzen bekommst. Frieden mit Gott. Frieden mit dir selbst. So teuer, so kostbar bist du für IHN.
Jesus ruft. Hör seinen Ruf, verdränge das nicht. Komm wie diese Frau zu ihm! Ich denke an meine eigenen Rückenprobleme. Ich versuchte diese lange Zeit zu verdrängen. Ich versuchte mich zu verdrehen, um die Schmerzen zu lindern, so wurde ich immer schiefer in der Haltung. Und das machte es nur noch schlimmer. Es braucht einen Spezialisten. Eine Physiotherapeutin hat das wieder

vollkommen hinbekommen bei mir und das hält bis heute. Auch für deine Seele gilt das so. Auch da braucht es einen Spezialisten, wie diesen Jesus. Er geht deinen Problemen, Sorgen und Schwierigkeiten auf den Grund.
Jesus ruft. Und darum nutze diese Chance!
Stell dir regelmässig folgende Frage:
-In welchen Bereichen deines Lebens klammerst du Jesus aus?
-Wo denkst du, es lohnt sich gar nicht mehr zu ihm zu kommen? Denk an diese Frau: 18 Jahre plagt sie sich schon mit ihrem Problem.
Gibt es bei dir auch so ein Dauerproblem? Es lohnt sich immer damit zu Jesus zu kommen! Denk daran, seit Ostern gilt doch: Nichts ist unmöglich!
Jesus ruft. Das ist deine Chance. Darum höre seine Stimme, komme zu ihm!
Jesus sieht. Jesus ruft. Und nun kommt der dritte entscheidende Schritt:
Jesus berührt. Er berührt diese Frau. Das ist ihre Chance.
Denn Jesus berührt sie gegen alle Formalitäten. Er legt die Hände auf.
Stell dir vor: Ein total durstiger Abenteuerreisender schleppt sich durch die Sahara und röchelt: "Wasser!" Ein Händler kommt hinter der Düne hervor: "Ich verkaufe Krawatten, schöne Krawatten." –Der durstige Reisende sagt: "Wasser! Wasser brauche ich, was soll ich denn mit Krawatten" -und er schleppt sich weiter. Nach zwei Tagen erreicht er eine Oase mit einem 5-Sterne-Hotel. "Wasser!" fleht er den Portier an. Der sagt: "Wasser haben wir, mein Herr, aber Sie haben keine Krawatte. Ohne die haben Sie hier keinen Zutritt."
Da kann man drüber schmunzeln. Aber so ist dieser Vorsteher im Bibeltext. Er sagt: „Heilen am Sabbat ist gegen die Vorschriften." Dabei ist der Sabbat da, um dir und anderen was Gutes zu tun. Er ist nicht dazu da, um Vorschriften ins Absurde zu führen.
Und so was gibt es auch heute.
Es geschieht anfangs dieses Jahres. Ein bayerischer Notarzt eilt zum Einsatz, um einem zweijährigen Kind das Leben zu retten. Doch der Notarzt muss eine saftige Busse zahlen und für sechs Monate seinen Führerschein abgeben. Denn ein Autofahrer hatte ihn verklagt. Denn dieser musste wegen dem Arzt auf den Randstreifen fahren. Ein Berufungsgericht hat nun die Anzeige doch noch aufgehoben. Verrückt, dass es überhaupt so weit kommen musste oder? Der Notarzt sagt: „Ich lasse mich auch in Zukunft nicht aufhalten, wenn ich anderen helfe." Und genauso denkt Jesus. Und du mach das bitte ebenso. Handle auch du in seinem Namen so beherzt und spontan. Bitte den Herrn um Gelegenheiten und offene Augen dafür in der neuen Woche!
Jesus berührt! Und er will auch dich berühren.
Bist von Jesus schon berührt? Nicht nur heilen, sondern eine echte Verbindung mit dir aufbauen, das ist SEIN ZIEL auch mit dir. Wenn du es noch nicht getan hast, lade ihn, in dein Leben ein!
Jesus berührt! Und du darfst das deiner Umgebung zeigen, wenn er dich berührt hat.
„Wie reinige ich meinen Heiligenschein richtig und wie bewahre ich ihn

ordnungsgemäss auf?" Diese Frage lese ich neulich im Internet. Auch wenn das humorvoll gemeint ist:

Viele denken halt, gläubige Menschen erkennt man an einer Art Heiligenschein. Das stimmt natürlich nicht. Oder seht ihr um meinen Kopf da etwas schimmern? Nein, Gläubige erkennt man daran, dass sie von Jesus berührt sind. So wie diese Frau im Bibeltext. Darum preist sie Gott. So wie das umstehende Volk. Darum freut es sich.

Stell dir einmal vor, du weisst über ein unglaubliches Angebot Bescheid. Stell dir vor, es gibt Tageskarten für fünf Franken bei der SBB! Oder ein Glas Dôle für 1,50 Fr. Was würdest du machen? Du könntest das sicherlich kaum für dich behalten.

Und genauso wenig kann es verborgen bleiben, dass du von Jesus berührt bist. Bitte hebt mal die Hand: Wer von euch hat schon mal die Sendung „Fenster vom Sonntag" gesehen? Anfangs des Monats gab es da eine ganz besondere Sendung. Es geht dabei ums die Geschichte von Torsten Hartung: Er sitzt im Gefängnis. Er war ein Schwerbrecher und Autoschieber. Da passiert es. Von der Botschaft des Evangeliums wird er in seiner Zelle total berührt. Das lässt sich nicht verbergen. Als dieser Mann aus seiner Zelle tritt, fragen die Mitgefangenen: „Was ist mit dir los? Du strahlst so? Hast du Drogen genommen? Bist du verrückt?" So fragen ihn die anderen Gefangen. Er sagt: „Ja, ich bin ein von Gott ver-rückter Mensch". Egal bei welcher Gelegenheit der Herr dich berührt: Strahle es aus, fasse es in Worte, zeige es auf jede erdenkliche Weise.

Unser Thema heute lautet: „**Jesus, deine Chance.**" Und du hast gehört:

1. Jesus sieht. Darum suche seine Nähe.
2. Jesus ruft. Darum höre seine Stimme und komme zu ihm!
3. Jesus berührt. Darum lass dich von ihm berühren und zeige es deiner Umgebung, dass du von ihm berührt bist!
Jesus ist wirklich **deine Chance**- nutze sie! Amen.

„Komm zum Licht!" Johannes 8,12

Jesus das Licht der Welt

12 Da redete Jesus abermals zu ihnen und sprach: Ich bin das Licht der Welt. Wer mir nachfolgt, der wird nicht wandeln in der Finsternis, sondern wird das Licht des Lebens haben.

Bitte hebt einmal die Hand: Wer von euch war schon einmal in Versailles? ------ Meine Familie und ich waren im letzten Sommer dort. Wir wollten dieses berühmte Schloss vom Sonnenkönig Ludwig XIV besuchen. Wir haben extra Eintrittskarten vorbestellt und ich rufe aus: „Hurra, jetzt brauchen wir nicht lange zu warten."
Begeistert eile ich zum Eingang. Doch dann bin ich sprachlos. Das kommt bei mir selten vor. Aber da ist es so. Obwohl wir die Eintrittskarten schon haben, müssen wir uns einreihen: in eine riesige schier endlose Warteschlange. Ich bin schon fast dabei, zu beantragen, vor dem Schloss ein Denkmal aufzustellen: für den unbekannten wartenden Touristen. -Doch ganz anders ist das aber bei Jesus. Da sind keine langen Wartezeiten.
Darum ist unser heutiges Thema: „**Komm zum Licht!**"
Und der erste Punkt ist genau der: **Schau auf die Lichtquelle Jesus**!
Tue dies, weil Jesus direkt ansprechbar ist!
Ohne langes Anstehen. Ohne Wartezeiten. Ohne vorbestellte Eintrittskarten. Ludwig XIV ist im Vergleich zu Jesus ein Schattenkönig. Darum: Vergiss den schwierigen Zugang in Versailles. Nutze dafür den einfachen Zugang zu Jesus.
Schau auf die Lichtquelle Jesus!
Tue dies, weil Jesus Orientierung gibt.
Vor vielen Jahren ist es gewesen. Meine Frau und ich wandern im Pfälzerwald. Da wollen wir eine Abkürzung gehen. Doch das geht schief. Wir geraten immer tiefer in den Wald hinein. Wir finden keine Wegmarkierungen mehr.
Mittlerweile wird es dann auch noch dunkel. Und das Schlimmste: Ein starker Sturm setzt ein. Äste fallen von den Bäumen. So orientierungslos habe ich mich noch nie in meinem Leben gefühlt. Doch da, was ist das? Ganz schwach scheine ich aus der Ferne ein schwaches Licht zu sehen. Und dann, da ist noch eins. Durch die Bäume hindurch sehen wir ziemlich weit entfernt zwei Lichter. Es sind Scheinwerferlichter von Autos. Wir sind also in der Nähe einer Strasse. Wir laufen auf dieses Licht zu und im wörtlichen Sinne- Gott sei Dank- dieses Licht hat uns gerettet. Weil wir auf die rettende Lichtquelle geschaut haben, sind wir dennoch heil herausgekommen. Mach das genauso:
Schau auf die Lichtquelle Jesus! Wenn du heute vor einer offene Frage stehst,

frage dich: Wie würde Jesus jetzt reagieren? Was sagt sein Wort dazu? Das hilft dir wirklich weiter. Und darum:
Schau auf die Lichtquelle Jesus!
Aber mach bitte dann doch was! Wie oft kommen Kunden in einen Laden und sagen: „Ich will nur einmal schauen." Nur einmal schauen genügt bei Jesus nicht. Bitte: **Lebe auch aus der Lichtquelle Jesus!**
Und mach den entscheidenden Schritt! Bei meiner Besichtigungstour in Versailles passiert dann folgendes. Endlich im Schloss angekommen, will ich mir die Hände waschen. Ich gehe zur Toilette. Doch mittendrin im Hände-Waschraum passiert es. Da geht plötzlich das Licht aus. Das musst du dir mal vorstellen: Stockdunkel. Kein Fenster. Nichts. Wie sehr hätte ich mir in diesem Moment nur einen kleinen Funken Lichtstrahl der Walliser Sonne gewünscht. Doch dann merke ich: Es gibt da einen Bewegungsmelder. Ich muss nur zwei-drei Schritte gehen, dann geht auch das Licht an. Und so ist das auch im Glauben. Ich muss mich bewegen, um Jesus nachzufolgen. Falls du es noch nicht getan hast, mach auch du den entscheidenden Schritt: Schliess dich am heutigen 4. Adventssonntag dieser einzigartigen Lichtquelle an. In jedem Fall:
Lebe aus der Lichtquelle Jesus!
Und stelle alles in sein Licht!
Da kommt ein Kunde in einen Baumarkt und sagt zum Verkäufer. "Ich möchte diesen Hammer umtauschen". Darauf der Verkäufer: "Haben Sie etwas an ihm auszusetzen?"
"Ja, " sagt der Kunde mit weinerlicher Stimme. „Dieser Hammer trifft immer daneben, wenn ich ihn benutze!" Da kannst du jetzt darüber den Kopf schütteln. Doch du mach es selbst anders. Versinke nicht in Selbstmitleid, sondern: stell dich den Tatsachen und stell alles in Jesu Licht. Sage:
„Herr, lass mich meine schwierige Situation in deinem Licht sehen!
Meine Schwierigkeiten mit meiner Gesundheit.
Meine Schwierigkeiten mit anderen Menschen.
Meine Schwierigkeiten mit mir selbst." -Denn: Wo deine Möglichkeiten aufhören, da fangen Gottes Möglichkeiten erst richtig an! Und darum:
Lebe aus der Lichtquelle Jesus!
Unser Thema heute: **„Komm zum Licht!"** Du hast es gehört:
1. Schau auf die Lichtquelle Jesus!
2. Leb aus dieser Lichtquelle!
Und dann: **3. Lass es selbst leuchten!**
Im Schloss von Versailles gibt es ein ganzes Heer von Mitarbeitern. Für die unzähligen Lichter im Schloss braucht es unter anderem ganz viele Elektriker. Haben wir heute Elektriker unter uns? -------
Alle Christen sollten es sein! Lass es selbst leuchten und:
Werde zum Elektriker Gottes! Drei Handwerker diskutieren über das Alter ihres Berufes. Jeder glaubt den älteren zu haben. Sagt der Maurer: „Ich habe den ältesten Beruf, wir Maurer haben schon die Pyramiden in Ägypten mitgebaut!" Antwortet der Gärtner: „Das ist noch gar nichts mein Beruf ist noch älter, wir

Gärtner haben sozusagen schon den Garten Eden mitgepflanzt!" Sagt der Elektriker: „Ach was! Die Elektriker sind die ältesten: Als Gott sprach, das es Licht werde- haben wir schon die Leitungen verlegt." -Darüber kannst du schmunzeln. Und trotzdem: Werde auch du zu einem Elektriker Gottes und **lass es leuchten!**
Denn Jesus sagt es doch selbst zu seinen Leuten in der Bergpredigt: *Ihr seid das Licht der Welt. So lasst euer Licht leuchten vor den Leuten, damit sie eure guten Werke sehen und euren Vater im Himmel preisen.*
Viele Christen haben in den letzten 2000 Jahren diese Worte wörtlich genommen. Sie haben ihr Licht leuchten lassen.
-Die Erfindung allgemeiner Krankenhäuser ist die Idee von Christen.
-Das Rote Kreuz ist eine Gründung eines Schweizer Christen, Henry Dunant.
-Die ersten Kindergärten sind Einrichtungen von Christen.
Diese Aufzählung lässt sich leicht verlängern.
Lass es selbst leuchten!
Doch vielleicht denkst du nun: „Das ist ja alles schön und gut. Aber so ein grosses Licht, so eine Leuchte, bin ich selbst nicht. Ich fühle mich manchmal nur wie ein kleiner Kerzenstumpen."
Bitte denke daran: Jesu Licht vervielfacht deine Leuchtkraft.
Ich will dir das an diesem Taschendynamo zeigen. Stell dir vor: eine Minute mit der Hand hier drehen, schafft für eine ganze Stunde Energie! So ist das auch bei Jesus, wenn du dich ihm anschliesst. Seine Macht vielfacht deine Kraft. Und darum: **Lass es selbst leuchten!**
Was ist Albedo? A: Ist das ein Walliser Raclettekäse? B: Ist das der neue, langersehnte Mittelstürmer vom FC Sion? Oder C: Ist das der Gemeindepräsident von Mailand? -Die Antwort ist: Nichts von allem. Albedo ist das Mass dafür, wie viel Licht ein Himmelskörper reflektiert. Unser Nachlicht der Mond hat nur eine Albedo von 0,07. Das heisst, der Mond gibt nur 7% des Lichts weiter, was ihn trifft. Der Enceladus, ein Saturnmond gibt 99% des Lichts weiter, was auf seine Oberfläche trifft. So sind auch wir dazu bestimmt, das Licht von Jesus möglichst kräftig weiterzustrahlen: sein Energie, seine Worte, sein Ideen, seine Liebe.
-Nimm es dir vor. In der kommenden Adventstagen wenigstens einem Menschen in deiner Umgebung Licht zu sein.
-Sei Licht, indem du in den kommenden Tagen mit Ermutigungen besonders grosszügig umgehst! Du kannst zum Beispiel einen Traurigen trösten. Für jemanden beten. Jemanden ein stärkendes Wort sagen.
-Sei Licht, indem du dich bei jemand meldest, bei dem du dich lange nicht gerührt hast!
- Sei Licht auch dadurch, indem du bewusst positive Nachrichten verbreitest. Und: Unter allen negativen Meldungen gibt es so viel Positives. Wir reden nur zu wenig drüber. -
Du hast so viele Möglichkeiten! Denk dabei daran: Ein einziges kleines Licht ist mehr wert als alle Dunkelheit der Welt.

Lass es selbst leuchten! Albert Einstein hat einmal folgendes gesagt: „Es gibt nur eine wirkliche Stelle in der Welt, wo es kein Dunkel gibt- das ist Jesus Christus." Wenn Einstein das schon sagt! Darum lasst uns immer wieder auf Jesus schauen und sein Licht in unsere Umgebung tragen!
Unser Thema heute: „**Komm zum Licht!**" Und so kannst du das tun:
1. Schau auf die Lichtquelle Jesus!
2. Leb aus dieser Lichtquelle!
3. Lass es selbst leuchten!
Dass uns das in dieser Adventszeit und darüber hinaus immer wieder gelingt, das wünsche ich jedem von uns von ganzem Herzen.
Amen.

„Warum sich Glauben lohnt" Apostelgeschichte 12,1ff

1 Um diese Zeit legte der König Herodes Hand an einige von der Gemeinde, sie zu misshandeln. 2 Er tötete aber Jakobus, den Bruder des Johannes, mit dem Schwert. 3 Und als er sah, dass es den Juden gefiel, fuhr er fort und nahm auch Petrus gefangen. Es waren aber eben die Tage der Ungesäuerten Brote. 4 Als er ihn nun ergriffen hatte, warf er ihn ins Gefängnis und überantwortete ihn vier Wachen von je vier Soldaten, ihn zu bewachen. Denn er gedachte, ihn nach dem Fest vor das Volk zu stellen. 5 So wurde nun Petrus im Gefängnis festgehalten; aber die Gemeinde betete ohne Aufhören für ihn zu Gott. 6 Und in jener Nacht, als ihn Herodes vorführen lassen wollte, schlief Petrus zwischen zwei Soldaten, mit zwei Ketten gefesselt, und die Wachen vor der Tür bewachten das Gefängnis. 7 Und siehe, der Engel des Herrn kam herein und Licht leuchtete auf in dem Raum; und er stieß Petrus in die Seite und weckte ihn und sprach: Steh schnell auf! Und die Ketten fielen ihm von seinen Händen. 8 Und der Engel sprach zu ihm: Gürte dich und zieh deine Schuhe an! Und er tat es. Und er sprach zu ihm: Wirf deinen Mantel um und folge mir! 9 Und er ging hinaus und folgte ihm und wusste nicht, dass ihm das wahrhaftig geschehe durch den Engel, sondern meinte, eine Erscheinung zu sehen. 10 Sie gingen aber durch die erste und zweite Wache und kamen zu dem eisernen Tor, das zur Stadt führt; das tat sich ihnen von selber auf. Und sie traten hinaus und gingen eine Straße weit, und alsbald verließ ihn der Engel. 11 Und als Petrus zu sich gekommen war, sprach er: Nun weiß ich wahrhaftig, dass der Herr seinen Engel gesandt und mich aus der Hand des Herodes errettet hat und von allem, was das jüdische Volk erwartete.

Habt ihr das gewusst: Ich war schon einmal im Gefängnis. Ja, das stimmt. Einen Tag lang! Es war im Hochsicherheitsgefängnis in Sitten. Zusammen mit dem damaligen Bischof vom Wallis, Norbert Brunner. Es war freiwillig. Und doch: Es war beklemmend. Ich war froh, am Abend wieder von den Gefängnismauern befreit zu sein.
Und das ist auch der erste Punkt, warum sich Glauben lohnt.
Unser Thema heute: „**Warum sich Glauben lohnt.**" Das ist die erste Antwort:
1. Glauben lohnt sich, weil er befreit.
Glauben befreit von Gefängnissen.
Das siehst du an Petrus. Petrus ist eingesperrt im Gefängnis und ist zusätzlich

stark bewacht. Trotzdem kommt er da raus.
Wie ist das bei dir heute?
Wo fühlst du dich eingesperrt?
Wo bist du gefangen?
Wo sitzt du derzeit in einem Problem fest?
Vertraue darauf: Mag deine Lage im Moment noch so aussichtslos erscheinen. Gott weiss auch einen Weg für dich! Ganz genau wie für Petrus. Zu deiner Befreiung tue folgendes:
Nutze Gottes Ausbruchswerkzeug! Bitte schaut einmal her:
Das klassische Ausbruchswerkzeug ist ja das da- eine Feile. Typischer Weise wird so eine Feile in einer Schwarzwälder Kirschtorte versteckt und dem Gefangenen gebracht! Damals gibt es noch keine Schwarzwälder Kirschtorten. Zumindest ist bei antiken Ausgrabungen noch keine gefunden wurden. Aber es gibt Gottes Spezialfeile. Kennst du sie? Im Text wird sie ausdrücklich erwähnt! Wie heisst diese Feile Gottes? Es ist das Gebet! Die Gemeinde betet für Petrus- und somit feilen sie an den Ketten und Gitterstäben vom König Herodes. Nutze selbst diese Feile Gottes! Und das geht so:
-Im Gebet mach Gott gross und nicht dein Problem. Wir denken oft das Gegenteil. Wir machen unser Problem gross und Gott klein. Mach Gott gross!
-Übergib im Gebet bewusst Gott die Kontrolle über deine Situation. Denn ER sitzt auf dem Thron, ER hat's in der Hand. Mit dieser Einstellung geh deinen Weg.
-Bitte denke daran: Gerade das Gebet für andere hat besondere Kraft und Macht. Das zeigt uns Bibeltext. Sorge dafür, dass auch andere für dich beten. Und besonders gut ist es zudem, wenn sich viele Feilen/Beter zusammenschliessen!
Glauben lohnt sich, weil er befreit.
Glauben befreit zudem von Hass. Demnächst kommt ein ganz spezieller Film im Kino: „Unbeugsam" -eine wahre Geschichte (im Originaltitel „Unbroken"). Hauptperson ist dabei Louis Zamperini, Er hatte ein ganz bewegtes Leben. Er war Olympia-Läufer in Berlin 1936. Dann war er Soldat, der einen Flugzeugabsturz übersteht. Dann überlebt er 47 Tage lang in einem Floss im Pazifik und er besteht unter schlimmen Qualen seine anschliessende Kriegsgefangenschaft in Japan. Nach Kriegsende verfällt er dem Alkohol, bis er Jesus Christus kennenlernt. Und jetzt kommt der Hammer. Nach der Feile, der Hammer: Zamperini besucht viele der Wächter seines japanischen Gefängnisses, um ihnen mitzuteilen, dass er ihnen vergeben will. Manche von ihnen waren für kriminelle Akte während des Krieges selbst in Tokio hinter Gittern.
Und er umarmte jeden seiner früheren Wärter. Jene, die ihn damals übel behandelt hatten, waren enorm überrascht. Die meisten von ihnen nahmen gerne das Neue Testament mit, das er ihnen angeboten hat.
Und auch im Bibeltext ist das so. Wir hören da nichts von Hass oder Rachegedanken bei Petrus oder der Gemeinde. Glauben befreit davon. Wenn dich heute negative Gedanken gegenüber jemand anderen plagen: Lege sie heute ganz bewusst ab! Denn du profitierst am meisten davon.

Glauben befreit zudem vom Schlimmsten, vom Tod.
Ich muss immer wieder an ein Zitat eines Bestatters denken. Zu unserer Jugendgruppe hat er einmal gesagt:
„Mein Glaube hilft mir mit meinem täglichen Begleiter, dem Tod fertig zu werden." Das darf auch für dich so gelten.
Glauben rettet vor dem Tod wie bei Petrus. Der kommt ja am Ende frei. Aber Glauben rettet eben auch <u>im</u> Tod wie bei Jakobus. Das heisst: Jakobus stirbt. Aber er weiss wo er hingeht. Er weiss: Nichts kann ihn trennen von Gott. Wenn du an Jesus Christus glaubst, gilt das genauso für dich. Darum brauchst auch du keine Angst oder Sorge vor dem Tod zu haben. Wichtig ist, dass du diesen Glauben an Jesus Christus hast.
1. Glauben lohnt sich, weil er befreit. Jetzt kommt noch etwas hinzu:
2. Glauben lohnt sich, weil er dich stärkt.
Denn er macht dich gelassen: Manche Menschen schlafen in den erstaunlichsten Situationen ein. Neulich war ich beim Zahnarzt. Im Wartezimmer ist da ein Patient eingeschlafen. Die anderen Patienten im Wartezimmer haben sich darüber amüsiert. Die Sprechstundenhilfe musste ihn regelrecht aufwecken. Das nenne ich Gelassenheit. Dieser Mann war übrigens ich selbst. Es gibt aber noch eine Steigerung:
Petrus schläft in Ketten gefesselt zwischen zwei Soldaten.
Dieser Mann hat erst Nerven!
Er fühlt sich auch jetzt von Gott gehalten, geborgen, getragen.
Genau zu dieser Einstellung darfst auch du kommen. Wenn du es noch nicht getan hast, übergib dein Leben im Namen von Jesus Christus an Gott.
Glauben lohnt sich, weil er stärkt
Denn er macht dich stark durch Schwierigkeiten!
Stell dir vor: Ein Techniker vom Störungsdienst repariert in einem Pfarrbüro das Telefon. Und der Techniker hört zu, wie sich drei Pfarrer unterhalten. Ihr Thema: „Welches ist die beste Gebetshaltung?"
Der eine meint, im Knien lässt es sich am besten beten, das wäre die einzige richtige Haltung vor Gott.
Der andere erklärt, dass er am besten im Stehen betet und dazu die Hände zu Gott erhebt. So würde die Sehnsucht am deutlichsten ausgedrückt.
Der dritte ist anderer Meinung. Für ihn ist die richtige Gebetshaltung, auf dem Boden ausgestreckt vor Gott zu liegen, so wie es an einigen Stellen in der Bibel steht, dass Menschen im Gebet vor Gott liegen.
Da mischt sich der Fernmeldetechniker ein und sagt: „Also ich habe am besten durch folgende Situation beten gelernt: Als ich in echter Not mit dem Kopf nach unten an einem Telefonmast hing! Da habe ich wirklich beten gelernt und das hat meinen Glauben gestärkt."
Schau, da ist einer durch sein Problem Gott näherkommen. Da wurde einer durch Schwierigkeiten gestärkt.
Sagt mal, habt ihr auch ein Lieblingsdessert? Ich verrate euch meinen Favoriten: Wackelpudding mit Vanillesauce. Aber im Leben sei bitte nicht so. Da sei bitte

kein Wackelpudding. Petrus war mal einer. Sein Glaube ist früher schwach gewesen. Er hatte Jesus verleugnet. Doch durch alle Schwierigkeiten entwickelt sich Petrus weiter. Petrus der Wackelpudding wird dadurch zu dem, was er von seinem Namen her sein soll: zum echten Fels. So will der Glaube auch <u>dich</u> stärken.

Nutze darum deine Krankheit, deine Not, deine Krise, um deine Beziehung zu Gott zu vertiefen: So wird dein Glaube konzentrierter, echter und eben stärker!

Glauben lohnt sich zudem noch aus einem dritten Grund: weil er dich anstösst! Ein Engel kommt in die Gefängniszelle. Der stösst Petrus an (wörtlich: er versetzt ihm einen regelrechten Schlag) und sagt: *Gürte dich, ziehe deine Schuhe an, folge mir!*

Gott kann auch dir tatsächlich Engel mit und ohne Flügel schicken und dich durch sie kräftig anstossen. Das habe ich zum Beispiel bei einem Freund erlebt. Ein Freund von mir ist ein sehr schlechter Student gewesen. Anwalt sollte er werden. Statt in die Bücher schaut er nur ins Glas. Statt Rechtsfälle an der Universität zu wälzen, wälzt er sich bis mittags im Bett. Mein Freund war regelrecht gefangen in seinem trägen und abgestumpften Leben. Das erfährt ein Bekannter von ihm, ein älterer Rechtsanwalt. Der geht direkt ins Wirtshaus. Er redet dem Studenten hart ins Gewissen. Er sagt ihm, wie schade es ist, dass er sein Talent, seine Gaben und seine Intelligenz verschleudert. Augenblicklich verlässt mein Freund das Lokal. Er geht, ja er rennt auf sein Zimmer. Und ab diesem Tag lernt er und sitzt er hinter seinen Büchern! Und er macht später das beste Examen seines Jahrgangs. Er kommt als Richter ans Verfassungsgericht. Das ist das höchste Gericht in Deutschland. Ein entschiedener Stoss zur rechten Zeit hat diesen Mann vorwärts gebracht.

Überlege dir heute noch: Wo solltest du endlich etwas tun? Und:
Wo solltest du -umgekehrt- aufhören etwas zu tun?
Wo möchte Gott dich in eine bestimmte Richtung lenken? Gehe einmal dein Leben durch! In jedem Fall:
Glauben lohnt sich wirklich.
Der Glaube an Gott lohnt sich aus drei Gründen:
Er befreit, stärkt und er stösst dich positiv an. Lasst uns das in der neuen Woche ganz bewusst ausprobieren. Rein mit dem Glauben in unser Leben und ran an unsere Herausforderungen! Amen.

„Gib nicht auf!" Apostelgeschichte 28, 30-31

Paulus in Rom

30 Paulus aber blieb zwei volle Jahre in seiner eigenen Wohnung und nahm alle auf, die zu ihm kamen, 31 predigte das Reich Gottes und lehrte von dem Herrn Jesus Christus mit allem Freimut ungehindert.

Stell dir vor: Ein 13-jähriger Junge sagt zu seiner Mutter: „Mutter, ich will Bildhauer werden." Die Mutter sagt zu ihm: „Sohn, bist du verrückt! BIDLHAUER??? Es gibt schon sooo viele. Und alle sind froh, wenn die überhaupt mal Aufträge bekommen. Mach das auf keinen Fall!" Auch sein Vater ist total dagegen. Aber der Sohn bleibt bei seinem Entschluss und wird trotzdem Bildhauer. Sein Name ist Michelangelo. Ja, der berühmte Michelangelo, der zum Beispiel David die bekannteste Skulptur der Kunstgeschichte erschaffen hat. Michelangelos lebenslanges Rezept ist, niemals aufzugeben und immer seiner Bestimmung zu folgen.
Genau so ist auch der Apostel Paulus. Er gibt ebenfalls nicht auf! Folge seinem Beispiel. **Gib nicht auf und- mach dir keine Sorgen!** Da ist das Erste:
1. Mach dir keine Sorgen! Denn Gott sorgt für dich.
Schau dir auch Paulus in unserem Bibeltext an: Paulus hat allen Grund sich Sorgen zu machen. Man muss wissen, dass Paulus als Gefangener nach Rom geführt wurde, um dort vor das Gericht zu kommen. Paulus steht unter Hausarrest. Er wird bewacht von einem Soldaten. Alles was er tut, wird beobachtet, alle Besucher werden registriert, vermutlich auch alle seine Worte aufgeschrieben und weitergeleitet. Paulus befindet sich in der Höhle des Löwen. Im Herzen des römischen Reiches. Die Aussichten sind alles andere als gut. Doch Paulus macht sich keine Sorgen. Denn er weiss: Gott steht über allem und hat alles in seiner Hand. Gott ist der Dirigent.
Es ist schon einige Zeit her: Meine und Frau und ich wollen eine Vorstellung im Nationaltheater in Mannheim besuchen. Und wir hatten zwei hervorragende Plätze reservieren können. Sogar in der ersten Reihe.
Um zur Vorstellung zu gelangen, nehmen wir die Strassenbahn. Obwohl wir rechtzeitig losfahren, braucht die Strassenbahn länger als gedacht. Wir haben nämlich eine umständliche Route genommen. Nach fast einer Stunde Fahrt werden wir schon unruhig und schauen nervös auf die Uhr. Einige Plätze von uns entfernt sitzt ein gut gekleideter Mann. Er hat im Gegensatz zu uns die Ruhe weg. Doch wir denken immer nur: „Hoffentlich schaffen wir es noch."
Viele Leute steigen aus, sie erreichen ihr Ziel, aber wir verbringen bange Minuten. Nur der gutgekleidete Mitfahrer hat weiterhin die Ruhe weg. Endlich!

Da ist die richtige Station. Wir steigen aus. Wir sind am Nationaltheater. Wir nehmen erleichtert unsere Plätze ein. Die Vorstellung beginnt. Der Dirigent tritt ans Pult. Und wer ist der Dirigent... der Herr aus der Strassenbahn! Stellt euch das einmal vor: Wir sorgen uns, rechtzeitig zur Vorstellung zu kommen und dabei sitzt die entscheidende Person, der Dirigent, in unserer Strassenbahn! – Und so ist es oft im Leben. Du sorgst dich wegen etwas- und der Dirigent deines Lebens, Gott, ist zusammen mit dir schon längst zum Ziel unterwegs.
Und darum: **Mach dir keine Sorgen!** Wenn dich deine Sorgen bedrängen, schreibe jede Einzelne auf ein Stück Papier und bitte Gott im Namen von Jesus Christus um Hilfe. Schreibe das Datum deines Gebets mit auf den Zettel. Lege sie in eine Schachtel. Wenn die Sorgen wieder kommen, weisst du genau, wann du mit Gott darüber geredet hast. Denn es macht keinen Sinn, sie ständig hervorzukramen.
Erst einen Monat später hole dir alle Zettel hervor und staune darüber: Wie viele Sorgen sich entweder von selbst erledigt haben, gar nicht erst eingetroffen sind oder Gott hat sie zum Besten gewendet hat!
1. **Mach dir keine Sorgen!** Das ist das Erste. Und nun das Zweite:
2. **Mach das Beste draus!**
Neulich lese ich den Satz: "Blühe, wo du hingepflanzt bist!"- Und dieser Satz stimmt! Wir sollen dort wachsen, wo wir uns gerade befinden. Denn es ist doch so: Der Same kann nur dort wachsen, wo er gesät worden ist. Man kann sich vielleicht vorstellen, dass er auch auf einem anderen Feld wachsen könnte, aber dort wurde er nicht gesät!
Mach das Beste draus!
Martin Luther King sagt dazu: „Wo auch immer dein Platz ist, mach das Deine in aller Treue. Wenn deine Aufgabe darin besteht, die Strassen zu fegen, dann fege sie, wie Michelangelo malte, wie Shakespeare Gedichte schrieb und wie Beethoven komponierte. Fege die Strassen so, dass alle die himmlischen und auch die irdischen Heerscharen innehalten und sagen: Hier lebte ein grosser Strassenfeger und er hat seine Arbeit gut und treu gemacht."
Schau dir den Apostel Paulus an. Der macht das genauso.
Obwohl sein Aktionsradius beschränkt ist, kann er trotzdem vieles machen: Gäste empfangen. Das Reich Gottes verkünden. Die Botschaft von Jesus Christus weitersagen. Wichtige Briefe schreiben, Kontakte knüpfen, andere Menschen aufbauen. Paulus bewirkt auch auf wenigen qm sehr viel! Trotz aller Schwierigkeiten, Einschränkungen und Gefangenschaft.
Paulus macht das Beste aus seiner Situation. Und das darfst du genauso tun!
Viele Menschen machen das leider anders. Sie haben eine persönliche Strichliste. Sie sagen: „Das habe ich nicht. Das kann ich nicht. Hier fehlt es mir an etwas. In meinen Finanzen, mit meiner Gesundheit und wo noch sonst."
Bei dir darf das anders sein.
Ersetze deine mögliche negative Strichliste in eine Segensliste! Mach zwei Spalten.

1. Spalte: Wo bist du gesegnet? Was kannst du alles? Was hat Gott dir alles gegeben? 2. Spalte: Gibt es da etwas, was du an andere weitergeben kannst?
Mach das Beste draus!
Bitte hebt einmal die Hand: Wer von euch war schon mal auf dem Gornergrat hoch über Zermatt? Der Gornergrat (3089 m) gehört zu den Orten, die man einmal im Leben besucht haben muss, sagt Zermatt-Tourismus. Und sie haben Recht. Das Bergpanorama und der einmalige Blick auf das Matterhorn sind einmalig. Mit der Zahnradbahn kannst du da hochfahren. Ich weiss noch genau, wie ich mit meiner Frau zum ersten Mal auf dem Gornergrat gewesen bin. Es ist ziemlich starker Nebel und nur wenig zu sehen. Einige Touristen reisen gleich wieder zurück ins Tal. Viele haben enttäuschte Gesichter. Einige schimpfen. Doch da sehe ich eine kleine Gruppe von Bergwanderern. Sie richten es sich auf der Aussichtsblattform gemütlich ein: Sie holen einen kleinen Gaskocher hervor. Sie machen Tee. Sie unterhalten sich. Sie sind fröhlich und bester Dinge. Und dann passiert es: Da klart es auf. Und das herrliche Berg-Panorama ist zu sehen. Das Warten hat sich gelohnt! Diese Einstellung sollten auch und gerade Menschen haben, die an Jesus glauben: Nicht gleich aufgeben. Mach das Beste draus! Ein wenig Geduld haben und darauf vertrauen, dass sich der Nebel auch im eigenen Leben durch Gottes Hilfe lichtet. So ist es auch bei Paulus. Er weiss nicht, was sein wird. Aber er macht sich keine Sorgen und er macht das Beste daraus. Mach das genauso:
Paulus hat die Einstellung: „Hier bin ich, Herr. Gebrauche mich, wie und wo du es am besten für geeignet siehst." Das darf auch deine Einstellung sein. Sprich diesen Satz selbst immer wieder für dich: „Gebrauche mich, wo du mich hinstellst!"
Mach das Beste draus! Und schliesslich:
3. Vertraue auf Gottes Möglichkeiten!
Schau dir den Apostel Paulus an. Denn Paulus weiss, seitdem er Christ ist: Bei Gott ist nichts unmöglich. Und darum, wenn auch du Christ bist: **Vertrau auf Gottes Möglichkeiten!**
Es gibt Menschen, die sind nicht in Gefangenschaft wie Paulus. Doch sie mauern sich gedanklich ein. Mit ganz verschiedenen Mauertypen:
-Das ist die „es- hat- ja -eh -alles –keinen- Zweck -Mauer".
-Da ist die „die- anderen- sind -schuld -Mauer": die Eltern, die Lehrer, die Politiker, wer auch immer.
-Da ist die „Verbitterungsmauer".
Wie diese Mauern noch alle heissen mögen, nieder mit ihnen! Lass dich nicht einmauern von ihnen! Sondern:
Vertraue auf Gottes Möglichkeiten! Gott kann so vieles möglich machen. Das Kreuz von Jesus sahen viele als das Ende, aber Gott lässt Ostern folgen. Und auch die Apostelgeschichte ist nicht das Ende! Danach geht es erst richtig los!
Ungehindert läuft das Evangelium um die Welt. Gott schafft unendlich mehr als du dir vorstellen kannst. Auch in deiner aktuellen Situation!

Was steht bei dir an? Mach es wie Paulus:
Vertraue auf Gottes Möglichkeiten!
Mit Michelangelo habe ich begonnen, ich schliesse mit einem Satz von ihm: „Gott hat uns nicht geschaffen, um uns in der Not zu verlassen." So sagt Michelangelo. Recht hat er! Und darum:
1. Mach dir keine Sorgen! 2. Mach das Beste daraus!
3. Vertraue auf Gottes Möglichkeiten! Amen.

„Das bringt dir Pfingsten" Römerbrief 8,14-17

14 Denn welche der Geist Gottes treibt, die sind Gottes Kinder.

15 Denn ihr habt nicht einen knechtischen Geist empfangen, daß ihr euch abermals fürchten müsstet; sondern ihr habt einen kindlichen Geist empfangen, durch den wir rufen: Abba, lieber Vater!

16 Der Geist selbst gibt Zeugnis unserm Geist, daß wir Gottes Kinder sind.

17 Sind wir aber Kinder, so sind wir auch Erben, nämlich Gottes Erben und Miterben Christi, wenn wir denn mit ihm leiden, damit wir auch mit zur Herrlichkeit erhoben werden.

Erinnerst du dich daran, was du als Kind einmal werden wolltest? Primaballerina, Pferdepfleger oder gar Pirat?
Für Gott ist es klar, was du werden sollst: Prinz oder Prinzessin sollst du sein. Nicht weniger als das! **Denn du wirst in den Adelstand erhoben.** Unser Thema heute lautet: „**Das bringt dir Pfingsten.**" Und genau das ist das Erste: **Du wirst in den Adelstand erhoben!**-
Denn im Bibeltext steht es doch: **Du bist ein Kind Gottes.** Das heisst, du bist Sohn, Tochter vom König aller Könige. Durch Gottes Geist bist du das. Das musst du dir mal vorstellen. **Du wirst in den Adelsstand erhoben.**
Das bringt dir gleich mehrere Vorteile:
Du bist ein Kind Gottes und darum Schluss mit Formalitäten!
Neulich halte ich ein Buch in der Hand: „Wie begrüsse ich die englische Königin?" Beim König aller Könige, bei Gott ist das ganz einfach. Du darfst einfach *Abba* sagen. Das ist keine schwedische Musikgruppe, sondern das heisst übersetzt PAPA. Stell dir vor bei der Queen sagst du dementsprechend einfach MAMA. Prinz Philipp, ihr Mann, hört das. Er würde da ganz schön staunen und seine Frau fragen: „Elisabeth, verschweigst du mir was?"
Aber als Kind Gottes, als Sohn und Tochter vom Allerhöchsten und heiligen Gott darfst du so sprechen: ABBA-PAPA, lieber Vater, darfst du wirklich sagen. Nicht „sehr geehrter Herr Gott" oder sonst was ähnliches.
Denn **du bist ein Kind Gottes** und darum Schluss mit langen Wartezeiten!
Im letzten Februar waren meine Frau und ich in England. Unter anderem besuchen wir den Hampton Court Palace. Da hat Heinrich VIII residiert. Stell dir vor: Im Vorraum mussten Bittsteller bis zu mehreren Tagen warten. Wenn sie Glück hatten, bekamen sie beim König ein offenes Ohr für ihre Anliegen.

Ganz anders bei Gott. Denn du gehörst zu seiner Familie und kannst dich immer direkt beim ihm melden. Tag und Nacht.
Du bist ein Kind Gottes und darum hast du den besten Vater der Welt.
Es geschieht bei den Olympischen Spielen 1992 in Barcelona. Es ist im Halbfinale des 400m Laufs. Kurz vor der Ziellinie stürzt ein Läufer aus England in aussichtsreicher Position. Unter grossen Schmerzen versuchte er sich wieder aufzurappeln, um das Ziel wenigstens noch zu erreichen. Doch ohne Erfolg. Plötzlich durchbricht ein Mann die Absperrung. Er lässt sich nicht aufhalten. Er schiebt die Sicherheitsleute zur Seite und rennt zu dem Läufer, der sich mühsam vorwärtsbewegt. Dieser Mann ist der Vater des Läufers. Er stützt seinen Sohn. Unter dem tosenden Applaus der 70 000 Zuschauer überqueren Vater und Sohn Arm in Arm die Ziellinie. Schau: Genauso ist Gott zu dir. Er tut alles für dich. An Jesus Christus kannst du das sehen. Jedes Kreuz erinnert dich daran.
Unser Thema heute: **Das bringt dir Pfingsten.** Und der erste Punkt ist der:
Du wirst in den Adelstand erhoben!- Du bist ein Kind Gottes.
Doch der Apostel Paulus hat noch mehr auf Lager für dich.
„Alles für die Katz'. Ein Kater erbt 13 Millionen Euro"- so steht es vor einiger Zeit schon in einer Zeitung. Der Kater Tommaso fristet sein Leben als Streuner in Rom, bis ihn eine ältere Dame findet. Sie schenkt dem Kater all ihre Liebe und setzt ihn in ihrem Testament zum Alleinerben ein.
Neben dem Barvermögen bekommt Tommaso auch drei Häuser. Was der Kater wohl damit macht? Lagert er im ersten Haus Katzenfutter ein? Im zweiten Kratzbäume und im dritten Mäuse? Ich weiss es nicht. Aber eins weiss ich: Das ist noch gar nichts im Vergleich zu dem, was dich für ein Erbe erwartet!
Denn: **Du wirst unendlich reich!-** Das ist das Zweite. **Du wirst unendlich reich.-Denn du bist ein Erbe. Durch Gottes Geist bist du das!**
Gott setzt dich persönlich zum Erben, zum Miterben ein, gleichberechtigt von seinem Sohn Jesus Christus! Reicher geht's nicht! -Was sagst du dazu?
„Hilfe Erbschaftsteuer!"
Nein, da brauchst du dir keine Gedanken darüber zu machen. Gott schenkt dir das so ohne deine Vorleistung, wenn du bewusst zu ihm gehörst.
Dein Erbe sieht so aus: Du hast ein Grundstück im Himmel und ewige Gemeinschaft mit Gott geerbt. Denn als Söhne und Töchter Gottes sind wir volle Teilhaber an allem, was auch Jesus gehört. Das bedeutet für dich: Auferstehung und ewiges Leben. Auf dich wartet ein Leben in seiner ewigen neuen Welt: ohne Tränen, ohne Leid, ohne Schmerzen, ohne Tod.
Du wirst unendlich reich!
Und schon jetzt darfst du vom Erbe profitieren.
Du darfst im Bewusstsein leben: Du bist Gottes Erbe und darum kein Knecht mehr! Sei darum nicht mehr Knecht deines Ärgers!
Das weisst du sicher: Nach der Taufe am Jordan kam der Heilige Geist in Gestalt einer Taube auf den Herrn Jesus.
Aber hast du das gewusst? Die Taube ist der einzige Vogel ohne Gallenblase. Der Taube kann niemals die Galle überlaufen. Sie ist frei von Bitterkeit. Und bei

dir darf das genauso sein. Der Geist Gottes will dich befreien von zerstörenden und negativen Eigenschaften und Gefühlen. Wenn du demnächst spürst, dass übermässiger Ärger in dir aufsteigt, sag STOPP: „Ich habe Gottes Geist in mir! Ich lass mich nicht von diesem Ärger bestimmen."
Sei auch nicht mehr Knecht des Kleindenkens!
Neulich bin ich in Bern. Da kehren zwei Strassenfeger das Trottoir. Dann will der andere noch die Verkehrsinsel vor ihm säubern. Doch sein Kollege sagt: „Stopp! Kehr nicht weiter, dieser Bereich gehört dem Kanton." Und mit einem Schwung kehrt der andere seinen Schmutzhaufen zurück auf die andere Seite. Du denkst sicherlich nicht so. Denn du bist unendlich reich und darum frei, offen und grosszügig in einem Denken und Handeln! Wenn du demnächst spürst, dass sich kleinliches Denken in dir breit machen will- sage „STOPP: Ich habe Gottes Geist in mir! Ich lass mich nicht von diesem kleinlichen Denken bestimmen."
Du wirst unendlich reich. Darum lebe auch so dein Leben als Christ!
Du wirst in den Adelstand erhoben.
Du wirst reich!- Und nun gibt es noch eine besondere Zugabe.
Pfingsten bringt dir noch etwas:
Zwei Freunde fahren zum ersten Mal mit ihrem neuem Tandem. Also, so einem Velo für zwei. Die beiden sind gut mit dem Tandem unterwegs. Doch dann geht es einen anstrengenden Berg hinauf. Endlich oben angelangt, wischt sich der Vordermann den Schweiss von der Stirne und sagt: „Das war aber ein echt steiler Berg!" – „Ja", nickt der Hintermann und „wenn ich beim Hochfahren nicht ständig gebremst hätte, wären wir bestimmt wieder vom Berg hinunter gerutscht." -Darüber kann man jetzt schmunzeln. Bei Gott ist das ganz anders. Er ist kein Bremser, sondern das Gegenteil:
Du bekommst Rückenwind. Das ist das Dritte. Genau das macht auch Gottes Geist!
Darum geh voller positiver Erwartung deinen Weg! Denn Gottes Geist hilft dir! Zum Beispiel durch einen Menschen, den er dir schickt.
Einige von euch wissen es: Im letzten Februar veranstalten Christoph Zinsstag vom Hilfswerk Selam und ich eine Schuhputzaktion. Es ist für die Strassenkinder in Äthiopien, die eben durch Schuheputzen versuchen, Geld zu verdienen. Christoph ist der Geschäftsführer von diesem Hilfswerk. Kurz vor Beginn dieser Aktion kommt ein junger Mann, ein ehemaliger Konfirmand an unseren Schuhputzstand in der Visper Fussgängerzone. Er sagt: „Was macht ihr da? Ich mache mit!" Und dieser junge Mann wird zum entscheidenden Helfer. Er spricht die Fussgänger an. Durch seinen Einsatz öffnen sich die Geldbörsen. Ja, Gott schickt die richtigen Helfer.
-Oder Gott gibt den Rückenwind, indem sich Umstände ganz unerwartet zum Positiven verändern.
-Oder durch ein tröstendes Wort oder einen aufbauenden Vers aus der Bibel tut er das ebenso. Auch in Leidenszeiten kannst du dadurch positiv sein.

Deine Einstellung darf sein: „Gott, ich verstehe dich im Moment nicht, aber ich verlasse mich auf dich, dass du mich führst!"
Du bekommst Rückenwind. Darum lass dich treiben, leiten von Gottes Geist! Hast du das gewusst: Der längste Einkaufszettel der Welt ist 40 Meter. Er wurde zu einem guten Zweck erstellt. Doch auch die meisten Menschen bringen eine Art ‚Einkaufszettel' mit, wenn sie im Gebet vor Gott kommen und erwarten, dass er ihre Besorgungen erledigt. Sicher, du darfst mit allem zu deinem himmlischen Vater kommen. Probiere es doch auch mal anders herum. Sprich: „Herr, hier bin ich. Was soll ich nach deiner Idee tun?"- und dann lass dich von Gottes Geist führen!
Nimm dir morgens eine Minute Zeit und sprich: „Komm, Heiliger Geist, schicke mir Gelegenheiten, um der Welt zu zeigen, dass DU in mir lebst!"
Bitte denk ab heute immer daran: Seit Pfingsten hast du drei entscheidende Trümpfe:
1. Du wirst in den Adelstand erhoben.
2. Du wirst unendlich reich.
3. Du bekommst Rückenwind. Nutze dies täglich und profitiere davon! Amen.

„Komm zu Gottes Trost GmbH" 2. Korinther 1, 3-7

3 Gelobt sei Gott, der Vater unseres Herrn Jesus Christus, der Vater der Barmherzigkeit und Gott allen Trostes, 4 der uns tröstet in aller unserer Trübsal, damit wir auch trösten können, die in allerlei Trübsal sind, mit dem Trost, mit dem wir selber getröstet werden von Gott. 5 Denn wie die Leiden Christi reichlich über uns kommen, so werden wir auch reichlich getröstet durch Christus. 6 Haben wir aber Trübsal, so geschieht es euch zu Trost und Heil. Haben wir Trost, so geschieht es zu eurem Trost, der sich wirksam erweist, wenn ihr mit Geduld dieselben Leiden ertragt, die auch wir leiden. 7 Und unsre Hoffnung steht fest für euch, weil wir wissen: wie ihr an den Leiden teilhabt, so werdet ihr auch am Trost teilhaben.

Stell dir vor, die Mutter tröstet ihre kleine Tochter:
„Sei nicht traurig. In einer Woche ist Papas Diät zu Ende, dann kannst du wieder mit deinem Puppengeschirr spielen." Da kann man noch drüber schmunzeln. Und doch gibt es Situationen. Da brauchen wir ihn wirklich: Trost. So wie im Folgenden: „Sind Sie noch recht bei Trost? Sie können ja nicht mal rückwärts einparken. Sie sind durchgefallen" - so verkündet der Prüfer. Der junge Mann dem diese Worte gelten, steigt kreidebleich, zitternd und schweissgebadet aus dem Auto. Er ist so eben durch die Fahrprüfung gefallen. Und der junge Mann ist in diesem Moment tatsächlich untröstlich. Ich weiss das genau. Denn dieser junge Mann war ich selbst. Eine missglückte Prüfung ist aber nur ein Beispiel, wo wir Trost brauchen. Es gibt noch viele andere.
Und vielleicht steckst auch du gerade in einer Situation drin, wo du ihn nötig hast: Etwas klappt nicht, du kommst nicht weiter. Oder: Du hast eine menschliche Enttäuschung erlebt.
So geht es dem Apostel Paulus mit den Korinthern.
Was auch immer es bei dir ist, die Frage aller Fragen ist doch folgende: Woher kannst du diesen Trost bekommen? Die Bibel gibt dir darauf eine dreifache Antwort: Das Erste ist:
1. Komm zu Gottes Trost GmbH!
Ja, du hast richtig gehört. Denn neulich lese ich dazu eine Werbeanzeige: „Willkommen bei der Trost GmbH Wattwil." Das macht mich neugierig. Gibt es in der Schweiz tatsächlich eine Firma, um den Menschen Trost zu geben?

Ich sehe genauer hin.
Und dann merke ich: Es ist eine Firma für Bedachungen, Fassaden und Bäder. „Trost" ist nur der Nachname des Chefs. Ich will schon weiterblättern, aber durch diese Werbeanzeige wird mir einmal mehr klar, wie Gott ist. Er ist *ein Gott allen Trostes*, wie Paulus im Bibeltext sagt.
Denn diese Firma in Wattwil sorgt für Bedachungen. Gott auch!
Gottes Segen ist gerade wie ein schützendes Dach für dich. Er hält seine Hand über dich. Egal wo du gehst und stehst. Das ist zutiefst tröstlich. Gerade jetzt in der neuen Woche! Vielleicht hast du etwas Besonderes vor. Gott ist mir dir. Das ist so tröstlich!
Die Firma in Wattwil kennt sich mit Fassaden aus. Gott auch! Denn er schaut hinter die Fassaden. Neulich lese ich auf einem T-Shirt folgenden Satz: „Ich bin eigentlich ganz anders- nur ich komme nicht dazu." Geht dir das auch so? Bei Gott brauchst du nicht anders zu geben als du bist. Du brauchst dich nicht zu verkrampfen. Er sieht hinter die Fassade. Er sieht hinein bis in dein Herz. Er weiss, wie es dir zumute ist und was du brauchst. Das ist so tröstlich.
Und die Firma in Wattwil bietet Bäder an.
Gott will auch von dir alles abwaschen, was dich belastet. Er reinigt, erneuert dich. Er vergibt dir. Denn Gott will, dass dein Leben in Ordnung kommt. Das ist so tröstlich!
Zudem: Diese Firma in Wattwil ist eine GmbH. Eine Gesellschaft mit beschränkter Haftung. Gottes Gemeinde ist auch eine GmbH. Nur wird sie anders buchstabiert. Denn Gott tröstet dich ohne Beschränkung! Denn: Als Christ gehörst du zu seiner **Ge**---meinde **m**---it **be**---gründeter **Ho**---ffnung. Eine Hoffnung, die bis in Ewigkeit reicht. Das ist tröstlich hoch drei!
So kann ich es dir nur empfehlen:
Komm zu Gottes Trost GmbH!
Durch Gott bekommst du Kraft, auch schwer Tragbares zu tragen.
Kennst du Blaise Pascal? Es ist ein faszinierender Mann. Er lebt im 17. Jahrhundert. Er war ein berühmter Mathematiker und Erfinder. Stell dir vor: Manche Väter helfen ihren Söhnen ja bei ihren Aufgaben. Bei Pascal war es umgekehrt: Als sein Vater sich als Zollbeamter mit zeitraubenden Berechnungen für die Zolltarife herumschlagen muss, entwickelt Pascal die erste funktionierende Rechenmaschine. Diese Maschine ist die entscheidende Grundlage für die Entwicklung unserer modernen Rechenmaschinen.
Zudem: Blaise Pascal war ein zutiefst gläubiger Mensch.
Nach eigenen Aussagen war Pascal seit seinem 18. Lebensjahr nie ohne schlimme Schmerzen. Und doch sagt er tröstliche Sätze wie diese: „Es ist nicht auszudenken, was Gott aus den Bruchstücken unseres Lebens machen kann, wenn wir sie ihm ganz überlassen." Das ist so tröstlich, dass Gott eben dies kann! Das hat dieser Mann selbst erlebt. Das darfst auch du erfahren!
Vielleicht bist auch du heute mit körperlichen oder seelischen Schmerzen hierhergekommen. Vielleicht lastet ein schmerzhaftes Problem auf dir. Der Apostel Paulus ruft es dir heute aus seinem 2. Brief an die Korinther zu:

Komm zu Gottes Trost GmbH!
Hast du schon davon gehört?
Immer mehr Paare lassen sich ihre Hochzeitssprüche eintätowieren. Dazu mag man stehen, wie man möchte. Bitte tätowiere dir aber diesen einen Satz aus unserem Text ins Herz: *Du hast einen Gott allen Trostes!* Das halte fest!
1. Komm zu Gottes Trost GmbH! Ich weiss nicht, ob die Firma In Wattwil einen Juniorchef hat. Gott hat ihn. Sein Name ist Jesus Christus. Und mit ihm hat der zweite Punkt von Gottes Trostprogramm zu tun. Denn:
2. Lass dich durch Jesus Christus trösten!
Denn er ist kein Theoretiker. Bitte hebt einmal die Hand: Wer von euch hat schon mal eine Ballonfahrt mitgemacht?-
Es ist eine faszinierende Sache. Doch eins hat mich vor dem Start nachdenklich gestimmt: Da war ein Techniker, ein Mitarbeiter der Ballonfirma.
Auf meine Nachfrage hin, ist dieser Techniker selbst noch nie Ballon gefahren. Ich frage weiter: „Warum denn nicht?" –Seine Antwort: „Mir ist das alles zu unsicher. Ich bleibe lieber am Boden." –Das sagt mir dieser Mann vor dem Start und ich musste da wirklich schlucken.
Bei Jesus ist das ganz anders. Er ist kein Theoretiker. Er kennt sich aus. Er hat alles mitgemacht, was Menschen passieren kann. Jesus weiss auch, was Schmerzen sind. Daran erinnert dich das Kreuz.
Geht es dir auch so, dass du Trost am ehesten entgegennehmen kannst von jemand, der dich versteht, weil er etwas Ähnliches erlebt hat wie du?
Einmal bin ich selbst im Spital als Patient. Als Patient besuche ich mit meinem fahrbaren Infusionsständer einen anderen Patienten aus meiner Gemeinde. Der liegt im Nebenzimmer. Das war eines meiner tiefgehensten Seelsorgegespräche. Denn wir zwei haben in Augenhöhe miteinander gesprochen. So ist das auch bei Jesus. Jesus spricht mit dir als jemand, der dich vollkommen versteht. Deine Leiden sind seine Leiden, seine Leiden sind deine Leiden- so innig stellt sich Paulus die Beziehung zwischen dir und Gottes Sohn vor. So hat es Paulus erfahren, so darfst auch du es erfahren. Und darum:
Lass dich durch Jesus Christus trösten!
Denn er ruft es dir heute Morgen zu:
Komm und besprich direkt mit mir alles, was du auf dem Herzen hast.
Komm, wenn dich andere verletzt haben. Ich gebe dir die Kraft, dass du ihnen vergeben kannst.
Komm und übergib mir dein ganzes Leben! Denn ich weiss einen Weg für dich!
Und da steht noch etwas Drittes in unserem Bibeltext:
Tröste auch andere!
Die Firma Trost GmbH in Wattwil hat 15 Mitarbeiter. Das ist ein eher kleiner Betrieb. Gott hat mehr: Uns alle- wie viele sind wir heute? Mehr als 15 und dazu noch unzählige Freunde von Jesus auf der ganzen Welt! Und darum:
Tröste auch andere!
Überlege dir ganz bewusst: Wo kannst du ein Tröster sein?
Geh einmal die verschiedenen Bereiche deines Lebens durch. Familie, Freunde,

Schule, Arbeit, Verein. Wo kannst du da ein Tröster und Ermutiger sein?
Bitte denke daran:
Auch wenn du nur einem Menschen helfen kannst.
Auch wenn du nur einem Menschen beistehen kannst,
die Schmerzen eines Menschen für nur eine Stunde etwas lindern kannst, wäre es das trotzdem schon wert.
Ich habe es selbst erlebt, wie gut das tut: Vor einer OP besuchen mich einmal Freunde mit einer Gitarre und singen mit mir Mutmachlieder.
Du kannst vielleicht nicht Gitarre spielen, aber sicher irgendetwas anderes tun.
Und darum: Tröste auch andere!
Nutze auch deine eigenen überstandenen Schwierigkeiten dazu, andere zu trösten!
Vor der Predigt haben wir es gesungen: „Befiehl du deine Wege."
Es ist ein Lied von Paul Gerhardt. Er selbst hat so viel durchgemacht in seinem Leben. Er hatte liebe Menschen verloren. Er hatte oft kein Geld. Er bekam berufliche Probleme. Doch er hat durch seinen Glauben an so viel Trost empfangen, dass er durchgehalten hat. Und das hat dieser Liederdichter an andere weitergegeben. Denke auch du darüber nach, wie du anderen aus deiner Erfahrung mit bestandenen Krisen ermutigen und trösten kannst.
„**Trost**" ist unser heutiges Thema. Dreierlei ist dir dazu gesagt:
Komm zu Gottes Trost GmbH!
Lass dich durch seinen Sohn Jesus Christus trösten!
UND: **Tröste auch andere!**
Gott gebe dir offene Augen, Kraft und Gelegenheiten, dies zu tun. Ich wünsche uns allen viele tröstliche Erfahrungen in der neuen Woche. Amen.

„Was wir von Gott erwarten können" Epheser 3, 14-21

14 Darum knie ich nieder vor Gott, dem Vater, und bete ihn an, 15 ihn, dem alle Geschöpfe im Himmel und auf der Erde ihr Leben verdanken und den sie als Vater zum Vorbild haben. 16 Ich bitte Gott, dass er euch aus seinem unerschöpflichen Reichtum Kraft schenkt, damit ihr durch seinen Geist innerlich stark werdet 17 und Christus durch den Glauben in euch wohnt. In seiner Liebe sollt ihr fest verwurzelt sein; auf sie sollt ihr bauen. 18 Denn nur so könnt ihr mit allen anderen Christen das ganze Ausmaß seiner Liebe erfahren, 19 die wir doch mit unserem Verstand niemals fassen können. Dann wird diese göttliche Liebe euch immer mehr erfüllen. 20 Gott aber kann viel mehr tun, als wir jemals von ihm erbitten oder uns auch nur vorstellen können. So groß ist seine Kraft, die in uns wirkt. 21 Deshalb wollen wir ihn mit der ganzen Gemeinde durch Jesus Christus ewig und für alle Zeiten loben und preisen

Was haben eine Waschmaschine, mein Rasierapparat und die Glocke auf dieser Kirche gemeinsam? Sie brauchen Strom! Sie brauchen regelmässig neuen Saft und neue Kraft. So ist das auch bei uns selbst.
Da sind wir schon mitten drin im heutigen Thema: „**Was wir von Gott erwarten können.**" Und der Apostel Paulus sagt es dir: **Gott gibt dir Kraft**, das ist das Erste.
Das erinnert mich an eine Frau, die ich sehr bewundere. Ihr Name ist Ethel Waters: Sie ist eine Christin mit einer riesigen Kraft und Lebensfreude. Dabei geht es bei ihr zu Hause drunter und drüber. Mit Problemen zu rechnen ist für sie normal, mit Schwierigkeiten zu kämpfen, war ihr Alltag. Sie wird als uneheliches Kind in einem Elendsviertel geboren. Ihre Mutter ist dabei gerade 12 Jahre alt. Allen Voraussagen nach hat Ethel von ihrem Leben kaum was zu erwarten. Sie selbst aber ist voller Erwartungen. Sie will Sängerin werden. Sie arbeitet als Zimmermädchen und bildet sich selbst im Gesang aus. Auf einem Talentwettbewerb wird sie entdeckt. Dann erhält sie ihren ersten Plattenvertrag; sie rettet dadurch das Unternehmen sogar vor der Pleite. Sie wird zum ersten farbigen Superstar in den USA. Das Entscheidende: Sie trotzt allen Problemen durch Talent, Mut und Glauben. Im zweiten Teil ihres Lebens nützt sie ihre Musik dazu, Menschen das Evangelium nahe zu bringen. 1977 ist sie nach einem erfüllten Leben gestorben. Ihre Einstellung ist gewesen: „Gott gibt mir die Kraft, die ich brauche."
Das darf auch deine Einstellung sein. Denn:
Gott gibt dir Kraft.

-Vielleicht steckst du heute auch in einer schwierigen Situation.
-Vielleicht brauchst du gerade jetzt Gottes besondere Führung in einer bestimmten Sache.
-Vielleicht stehst du gerade vor einer scheinbar unlösbaren Frage.
Bitte denke daran: Du bist als Christ an Gottes Geist, an Gottes Kraftleitung angeschlossen. Er steht dir bei, er hilft dir.
Wichtig ist dabei nur eins: eine PGH! Hast du schon eine PGH?
Das ist eine positive Glaubenshaltung! Paulus wünscht sie dir. Darum sagt er im Bibeltext: *So gross ist Gottes Kraft, die in uns wirkt.*
Sag dir das täglich in der kommenden Woche! Und dann pack sie an- deine Aufgaben, pack sie an die Dinge, die getan werden müssen.
„Was wir von Gott erwarten können." Das ist unser heutiges Thema. Du hast gehört: **Gott gibt dir Kraft.** Gott gibt dir noch etwas:
2. Gott gibt dir einen Dauermieter. „STOPP-Moment", magst du jetzt denken. „Ich habe schon genug Stress. Jetzt schickt mir Gott noch einen Dauermieter."
Ich sage dir eins dazu: Dieser Dauermieter von dem Paulus spricht, der bringt dir nur Vorteile. Sein Name: Jesus Christus. Dieser Jesus Christus will in dieser Gemeinde und er will bei dir wohnen Lass ihn bei dir hinein! Und zwar in alle deine Räume deines Lebens!
Dieser Dauermieter will in deine Rumpelkammer.
Da macht sich dieser Dauermieter ans Aufräumen von alten Geschichten, die du mit dir herumschleppst.
Neulich finde ich folgendes Schild in einem Laden. „Komm, Herr Jesus sei unser Gast- und bitte nimm nachher den Müll mit raus". -Zuerst habe ich mich darüber geärgert. Doch dann sage ich mir: „Genauso ist es." Darum lohnt sich doch ein Leben mit Jesus Christus! Weil er alle deine überflüssigen Sachen aus der Rumpelkammer deines Leben wegschafft.
„Herr Pfarrer, ich kann nicht mehr in die Kirche kommen." So sagt jemand einmal zu mir. „Ich habe gegen fast jedes Gebot verstossen." Was hättest du so jemand geantwortet? –„Das ist ja grossartig! Herzlichen Glückwunsch. Denn genau so jemand ist bei Jesus willkommen." Das steht in der Bibel. Keine Schuld ist zu gross, kein Leben ist zu hoffnungslos, keine Situation so zerfahren, als dass Jesus sich da nicht hineintraut.
Gott gibt dir einen Dauermieter. Der will auch hinein in deine Speisekammer. Keine Angst, dass er dort deinen geräucherten Schinken, den Raclettekäse oder den Walliser Wein holen will. Im Gegenteil, er will deinen Hunger stillen: den Hunger nach Liebe, nach Geborgenheit, nach einem erfüllten Leben.
Gott gibt dir einen Dauermieter. Der will vor allem in deine Herzkammer. ---
Das ist Gottes Haupt-Ziel. Dass du sagst: „Mein Herz gehört dir. Ja, Herr, komm auch in mein Leben!"
Geh einmal ganz bewusst alle deine einzelnen Lebensräume durch. Überlege dir: In welchen Bereichen deines Lebens kann, soll, ja muss Jesus einziehen, um positives zu bewirken und notwendiges verändern?

Gott gibt dir Kraft. Gott gibt dir einen Dauermieter. Und schliesslich ist da der Hammer, der Höhepunkt, die Mutter aller Erwartungen. Paulus sagt: **Gott gibt dir mehr als du dir vorstellen kannst.**
Denn Gott schickt dir die richtigen Menschen. Als Schüler habe ich einen grossen Traum. Ich möchte auf eine höhere Schule gehen. Aber meine Noten reichen nicht aus dazu. Ich bin enttäuscht, geknickt, mein Selbstbewusstsein ist angeschlagen. Doch zwei Menschen stehen hinter mir. Da ist einmal meine Grossmutter, die mit mir lernt und für mich betet. Und im darauffolgenden Schuljahr bekomme ich eine neue Lehrerin. Schon nach der ersten Woche sagt sie: „He, ich habe den Eindruck, du bist ein Kandidat für die höhere Schule. Ich traue dir das voll zu." Und sie hat alles daran gesetzt, mich zu fördern. Sie hat mich für schwierigere Kurse eingetragen. Sie hat mir extra schwierige Aufgaben gegeben, damit ich mich weiterentwickle. Vor allen Dingen hat sie mein Selbstbewusstsein gestärkt. Durch sie werde ich sogar Klassenbester und bekomme eine Prämie. Durch eine Ergänzungsprüfung darf ich nachrücken und auf die höhere Schule gehen. Ohne diese Lehrerin stünde ich heute nicht hier. Ich bin fest überzeugt, wenn du auf Gott vertraust, so schickt Gott auch dir die richtigen Menschen. Gott schickt auch der Gemeinde hier die richtigen Mitarbeiter. Gott denkt und lenkt auch sie. Und er wird dies weiterhin tun!
Doch nicht nur die besonderen Ereignisse lenkt Gott, auch in den kleinen alltäglichen Ereignissen ist er da. Ich muss euch ein Geständnis machen: Ich bin kein so guter Autofahrer- was das Einparken betrifft. Letzte Woche bekomme ich mit Mühe und Not noch einen Parkplatz. Mein Auto steht ganz kompliziert da. Dann gehe ich zu einer Sitzung und vergesse das Ganze. Ich komme zurück. Jetzt haben sich noch zwei weitere Fahrzeuge zusätzlich hingestellt! Wie komme ich da nur raus? Plötzlich klopft jemand an meine Fensterscheibe und sagt: „Ich winke Sie da raus."- „Zufall" kannst du jetzt sagen. Aber Zufall ist das, was uns von Gott zu-fällt. Vertrau darauf: Er schickt auch dir die richtigen Menschen. Bitte ihn darum!
Gott gibt dir mehr als du dir vorstellen kannst.
Denn Gott gibt überraschende Wendungen.
Was ich nun erzähle, soll wirklich so passiert sein. Ich habe diese Geschichte von einem anderen Pfarrkollegen. Ein Pfarrer hat eine kleine Katze. Doch eines Tages passiert es: Sie sitzt auf einem Baum, auf den sie zwar hinaufgekommen ist, aber nun nicht mehr herunterkommt. Da kommt dem Pfarrer eine Idee, wie er die Katze retten könnte: Er geht in die Garage, fährt sein Auto rückwärts zu dem Baum, nimmt ein dickes Seil, bindet es so weit oben am Baum fest als möglich, bindet das andere Ende an der Stossstange seines Wagens fest und beginnt dann vorsichtig anzufahren. Langsam biegt sich der Baum zur Erde. Fast ist es schon so weit, dass die Katze runterspringen kann - da passierte es: das Seil reisst, der Baum schnellt zurück und die Katze fliegt weg und ist nicht mehr zu sehen. 14 Tage später, noch ganz geknickt, geht der Pfarrer zum Einkaufen. Da sieht er ein Gemeindemitglied. Eine Frau aus der Nachbarschaft. Der Pfarrer staunt: Die steht ja gerade am Hunde- und Katzenfutterregal? Er

fragt sie: „Haben sie jetzt ein Haustier?" -"Herr Pfarrer, sie werden nicht glauben, was uns passiert ist! Ich sitze mit meiner kleinen Tochter im Garten. Sie sagt immer wieder: „Mama, ich hätte so gerne eine Katze!"- Ich habe ihr dann erklärt, warum das nicht geht. Da hat sie gesagt: „Dann bitte ich halt Gott, dass er mir eine Katze schenkt!"- und Herr Pfarrer: Wenig später kommt tatsächlich eine kleine Katze über unseren Zaun geflogen und landet direkt vor uns auf unserem Komposthaufen! Sie glauben ja gar nicht, wie das unser Gebetsleben revolutioniert hat!" –Soweit diese Geschichte. -Vielleicht bekommst du durch dein Gebet keine kleine Katze. Doch Gott hält auch für dich überraschende Wendungen bereit. Bitte ihn darum!
Denn: **Gott gibt dir mehr als du dir vorstellen kannst.**
Und darum: Pflege ab heute eine WAS-WÄRE –WENN-Haltung:
WAS-WÄRE -WENN in deiner schwierigen Lage Gott doch einen Weg weiss?
WAS-WÄRE –WENN Gott deine Lage nutzt, um dir seine Macht zu zeigen?
WAS-WÄRE -WENN Gott dir mehr gibt, als du dir zurzeit vorstellst?
Lege dir ab heute eine WAS-WÄRE -WENN -Haltung zu und handle danach!
Du hast heute gute Gründe dafür gehört: **Gott gibt dir Kraft. Gott gibt dir seinen Sohn als Dauermieter. Gott gibt dir mehr als du dir vorstellen kannst.** Denn von ihm kannst du wirklich was erwarten! Amen.

Printed by Books on Demand GmbH, Norderstedt / Germany